LE FINANCEMENT PARTICIPATIF EN DROIT UMOA

Collection « Droit international »

Collection fondée et dirigée par Gérard Teboul,
professeur à l'université Paris-Est

Au regard du champ disciplinaire qu'elle couvre, la collection « Droit international » présente un caractère transversal : si elle accueille des ouvrages de droit international public ou de droit international privé, elle est ouverte également à des études portant sur des thématiques – nouvelles et de plus en plus nombreuses – se situant au confluent de ces deux disciplines. Par ailleurs, la collection « Droit international » n'entend aucunement privilégier des travaux de nature théorique ou de nature pratique : toute théorie maîtrisée doit reposer sur une connaissance sérieuse de la pratique tandis que toute analyse pratique ne saurait valablement éclairer une problématique juridique sans une compréhension de ses fondements théoriques. Ainsi, la présente collection se propose de contribuer à la connaissance de tous les aspects du droit international, branche du droit qui, au fil des ans, tient une place croissante au sein des disciplines juridiques.

Déjà parus

Siphana Sok, *Analyse de la dualité juridique au Cambodge*, 2024.

Abdelbasset Ibrahim, *La délégation de compétences des organisations internationales*, 2023.

Yoleth Laínez Calderón, *L'attente légitime en droit international économique*, 2023.

Alejandra Blanquet, *Le contrôle de régularité internationale des jugements étrangers, Étude comparée de droit international privé français et colombien*, 2023.

Ira Lymperopoulou, *L'européanisation du secteur de l'énergie. dans le contexte de crise de la dette Volume I, Les mutations structurelles : La création des marchés de l'énergie*, 2023.

Ira Lymperopoulou, *L'européanisation du secteur de l'énergie. dans le contexte de crise de la dette Volume II. Les mutations fonctionnelles : La nouvelle régulation des marchés de l'énergie*, 2023.

Hélène Sabalbal, *Le choix du droit applicable dans l'arbitrage d'investissement. Expérience euro-arabe*, 2022.

Daniel Kankue Adoku

LE FINANCEMENT PARTICIPATIF EN DROIT UMOA

Préface de Koffi Mawunyo Agbenoto

L'Harmattan

5-7, rue de l'École-Polytechnique – 75005 Paris
www.editions-harmattan.fr
ISBN : 978-2-336-45618-8
EAN : 9782336456188

A ma mère

PRINCIPALES ABREVIATIONS

ACPR	Autorité de Contrôle Prudentiel et de Résolution
al.	Alinéa
AMF	Autorité des Marchés Financiers
art.	Article
AUSCGIE	Acte Uniforme relatif au droit des Sociétés Commerciales et du Groupement d'Intérêt Economique
BCEAO	Banque Centrale des Etats de l'Afrique de l'Ouest
BRVM	Bourse Régionale des Valeurs Mobilières
Cass. civ.	Première chambre civile de la Cour de Cassation française
Cass. Crim.	Chambre Criminelle de la Cour de Cassation française
CENTIF	Cellule Nationale de Traitement des Informations
Cf.	*Confer*
Coll.	Collection
CREPMF	Conseil Régional de l'Epargne Public et des Marchés Financiers
dir.	Sous la direction de
éd.	Edition
FCFA	Franc de la Communauté Financière Africaine
GIE	Groupement d'Intérêt Economique
Ibid.	*Ibidem*
Idem	La même référence
in	Dans
Infra	Plus bas
LGDJ	Librairie Générale de Droit et de Jurisprudence
n°	Numéro

OCDE	Organisation de Coopération et de Développement Economiques
OHADA	Organisation pour l'Harmonisation en Afrique du Droit des Affaires
op. cit.	*opere citato*
p.	Page
PME	Petites et Moyennes Entreprises
PMI	Petites et Moyennes Industries
Préf.	Préface
PUF	Presses Universitaires de France
s.	Suivant
SA	Société Anonyme
SARL	Société à Responsabilité Limitée
SAS	Société par Actions Simplifiée
SGI	Société de Gestion et d'Intermédiation
SGP	Société de Gestion de Patrimoine
SNC	Société en Nom Collectif
Supra	Plus haut
TRACFIN	Traitement du Renseignement et Action contre les Circuits Financiers clandestins
TPE	Très Petite Entreprise
UE	Union européenne
UMOA	Union Monétaire Ouest Africaine
V.	Voir
Vol.	Volume

PREFACE

Le présent chef-d'œuvre minutieusement conçu par M. ADOKU n'est pas un travail de recherche ordinaire, mais plutôt une précieuse expertise, qui mérite témoignage et célébration.

Il faut partir de l'idée qu'au sein d'une société où l'économie est insuffisamment organisée, l'accès au financement devient une question épineuse et inépuisable. La clé de la réussite d'une levée de fonds apparaît alors évanescente, tant les incertitudes liées à la conjoncture économique découragent les investisseurs ou les établissements financiers ou de crédit. L'innovation des divers acteurs impliqués dans l'économie tel que les commerçants (et les autres opérateurs économiques) ou le législateur (et autres régulateurs), accouche de techniques nouvelles jugées intéressantes de financement.

Dans ce contexte, les mécanismes classiques de financement direct ou indirect des activités génératrices de revenus au sein de notre économie, assez vulnérable et, généralement, d'une insuffisante utilisation, s'articulent autour de la « tontine » et de la levée de fonds auprès du public. Très étroite, la tontine n'intègre pas souvent les entreprises ou entités, personnes morales. Paradoxalement, la levée de fonds auprès du public, quant à elle, est limitativement autorisée (les moyennes entreprises, les micros et très petites entreprises en sont les exclues) et rarement appliquée par les entreprises.

C'est ainsi que le financement participatif, mode de financement innovant, qui ne constitue qu'un avatar contemporain du financement par la levée de fonds auprès d'un public, mérite attention.

L'étude entreprise révèle qu'un tel mode de financement est en réalité inorganisé et il urge d'envisager son encadrement spécifiquement. D'une part, l'inorganisation s'explique par une inadaptation des règles du droit positif aux parties prenantes (émetteurs des titres, souscripteurs, tiers) et aux plates-formes numériques (*crowdlending* et *crowdinvesting*). D'autre part, le besoin de normes ou d'encadrement spécifique pourrait conduire à un aménagement des règles, tant en droit interne qu'en droit communautaire ou international. Le réajustement concerne d'abord les parties par le truchement des règles applicables à l'émetteur, notamment celles portant sur l'appel public à l'épargne et à l'émission des titres par internet, il concerne, ensuite, les règles applicables au souscripteur relativement à sa soumission aux exigences du consumérisme. Le réajustement atteint également les plates-formes numériques. Outre, à la recherche de leur définition et de leur régime, l'encadrement pourrait prendre en compte les mesures de prévention et de lutte contre les fonds et les activités illicites. Une telle analyse a été réalisée grâce au droit comparé et à la dynamique de la pratique.

En définitive, la référence au financement participatif à l'article 9, 4) de la loi uniforme portant règlementation bancaire dans l'Union monétaire ouest-africaine (UMOA) adoptée par le conseil des ministres, le 16 juin 2023, confirme, à n'en point douter, de la reconnaissance légale de la pratique dans certains Etats africains.

L'heure n'est toutefois pas celle de prédire ou de prévoir le degré de popularité du financement participatif. Il convient surtout de se pencher sur les bénéfices susceptibles d'être tirés de ce mécanisme de financement, ce qui implique d'envisager les conditions de sa réalisation. Ces conditions sont par ailleurs sociologiques, psychologiques, juridiques…

Cet ouvrage rédigé par un sachant s'intéresse au pôle juridique de ces conditions. Ainsi, pour qui s'intéresse à cette forme de financement ou qui voudrait procéder à un appel de fonds par le biais de ce nouveau mécanisme de financement, cet ouvrage est destiné à éclairer sa prévision sur les possibilités de réalisation qui lui sont offertes par le droit ainsi que sur les risques juridiques qu'il court. Pour le chercheur ainsi que pour le législateur, cet ouvrage offre de découvrir à travers les analyses théoriques qui y sont contenues, une vue renouvelée sur les implications de l'évolution de la finance pour le droit.

Koffi Mawunyo AGBENOTO, agrégé des facultés de droit.

INTRODUCTION

Le développement du financement participatif ou *crowdfunding* ces dernières années fait ressortir de plus en plus le problème de sa compatibilité avec le régime juridique des modes de financement classique[1]. Si son opportunité n'est pas niée au lendemain de la crise des *subprimes*, ce nouveau mécanisme de financement ne semble pas pénétrer totalement le carcan de notre droit. Ainsi, cette réflexion vise-t-elle à analyser la compatibilité du régime juridique des mécanismes traditionnels de financement à ce nouveau mode de financement.

Bien que s'intéressant uniquement au régime juridique du financement participatif, cette réflexion, pour des raisons d'intelligibilité, ne saurait manquer à préciser l'ontologie du financement participatif. Le législateur UMOA, compétent pour édicter la législation financière conformément au traité créateur, vise le financement participatif dans la nouvelle loi-cadre de 2023 portant règlementation bancaire. En droit français, s'agissant du financement participatif à titre gratuit, le législateur n'a nullement donné de définition. Ainsi, ni l'ordonnance

---

[1] V. également, NETTER Emmanuel, « Le financement participatif », in *Mélanges en l'honneur du Professeur Didier R. Martin*, Paris, LGDJ, 2015, p. 479 - 508 ; V. aussi ROUSSIA Arthur, « Le financement participatif ou Crowdfunding, quel régime juridique pour cette opportunité économique ? » *Revue générale de droit*, 2015, n° 10, p. 2 s.

n° 2014-559 du 30 mai 2014 relative au financement participatif ni l'ordonnance n° 2021-1735 du 22 décembre 2021 modernisant le cadre relatif au financement participatif n'en donnent de définition. S'agissant du financement participatif à titre onéreux, le Règlement (UE) 2020/1503 du parlement européen et du conseil du 7 octobre 2020 relatif aux prestataires européens de services de financement participatif pour les entrepreneurs et modifiant le Règlement (UE) 2017/1129 et la directive (UE) 2019/1937 aujourd'hui applicable décrit le mécanisme du financement participatif en son premier considérant. Par analyse de ces divers éléments, le financement participatif peut être défini comme le mécanisme de financement qui permet à une personne en besoin de financement de solliciter par le moyen de sommes modiques, le financement du public par le biais d'une plate-forme Internet soit sur la base du contrat de prêt support de l'opération, soit sur celle du contrat de cession de titres financiers ou même sur la base du contrat de don. Cette définition est la même donnée par la doctrine[1]. Ce nouveau mode de financement oppose ainsi sur une plate-forme immatérielle, un souscripteur apporteur de fonds à un porteur de projet destinataire des fonds, au sein d'un cadre contractuel polymorphe[2]. Il fait ainsi appel surtout à de fonds modiques.

Généralement, trois types de financement participatifs sont recensés. En premier lieu, le financement participatif

---

[1] V. LEFEBVRE Jean, *Le droit du financement participatif (Crowdfunding)*, Paris, l'Harmattan, 2021, p. 5 ; V. également ROUSSIA Arthur, « Le financement participatif ou Crowdfunding, quel régime juridique pour cette opportunité économique ? », *op. cit.*, p. 2.

[2] Il peut ainsi s'agir du contrat de donation, du contrat de prêt, du contrat de cession de titres financiers. V. ROUSSIA Arthur, « Le financement participatif ou Crowdfunding, quel régime juridique pour cette opportunité économique ? », *op. cit.*, p. 6 s.

par don. Ce type de financement ne concerne que les projets philanthropiques. Il est dominé par des considérations altruistes. Encore appelé mécénat participatif, celui-ci concerne ainsi le financement de projets à caractère humanitaire ou artistique. Il s'agit de financer de tels projets par l'entremise d'une plate-forme Internet dans un but philanthropique, en l'occurrence les projets humanitaires, culturels ou énergétiques. L'addition de menus dons favorise la capitalisation de fonds nécessaires au financement de grands projets. Pour ce faire, le porteur du projet sollicite une participation modique des internautes. Ceux-ci lui apportent leurs soutiens avec une intention de bienfaisance. Souvent, des cadeaux ou « reward », lesquels récompensent la participation du donateur, en facilitent l'attrait d'un plus grand nombre. Seulement, ces « reward », eu égard à leurs faibles valeurs par rapport à la contribution des donateurs, ne sauraient s'analyser en rémunération[1]. Cette forme de financement participatif à vrai dire possède une dimension axiologique. Celle-ci permet en effet aux internautes de défendre un certain nombre de valeurs, notamment l'idée novatrice d'un verdissement de la finance à travers la notion de la finance durable[2]. Toutefois, un auteur fera-t-il remarquer que le défaut d'enjeux juridiques réels ainsi que la volonté de préserver le caractère philanthropique de cette forme de *crowdfunding*, constituerait la source de la frilosité des

---

[1] ROUSSIA Arthur, « Le financement participatif ou Crowdfunding, quel régime juridique pour cette opportunité économique ? », *op. cit.*, p. 6 s.

[2] V. par exemple, LESGARDS Valérie et STELITANO Salvatore, « Crowdfunding et transition énergétique : analyse empirique des plates-formes de financement participatif des projets d'énergies renouvelables en France », *Innovations*, février 2022, n° 68, p. 79 s.

pouvoirs publics à l'égard de celle-ci[1]. Corrélativement, cet enjeu économique frivole entraine autant d'enjeux juridiques. Ainsi, cette forme de financement participatif sera-t-elle écartée. Ensuite, le financement participatif par prêt. Cette catégorie se dédouble en prêt non rémunéré et en prêt rémunéré. Le prêt non rémunéré n'attire pas non plus, l'attention des pouvoirs publics, car « ni les enjeux économiques, ni le fonctionnement juridique de ces modes de financement ne présentent d'intérêts sérieux pour les Etats (…) »[2]. Le prêteur met des fonds, lesquels seront remboursés intégralement et uniquement en capital, à la disposition du porteur du projet qui peut être une personne physique ou morale. Il a été relevé à propos de ce dernier que « la crise de confiance des épargnants vis-à-vis de leur banque incite les ménages à ne plus placer leur argent en banque, sans connaître son devenir ni l'utilisation qui en sera faite, mais plutôt de l'investir dans l'économie dite réelle et directe »[3]. Cependant, compte tenu de la gratuité du prêt consenti au porteur de projet, le prêt non rémunéré est étranger au droit des affaires, lequel encadre la vie des affaires si bien que nos développements ne sauraient s'y attarder. De ce qu'elle conserve un caractère philanthropique, la recherche de satisfaction personnelle relève celle d'intérêt pécuniaire à l'arrière-plan. Le danger y est, seulement celui-ci n'est nullement prégnant. Ainsi donc, cette forme de financement participatif sera également écartée de nos développements. Il est néanmoins loisible de relever que les règles relatives au prêt demeurent applicables à celui-ci. A la suite, s'ajoute le prêt rémunéré, lequel concerne également, aussi bien les personnes

---

[1] ROUSSIA Arthur, « Le financement participatif ou Crowdfunding, quel régime juridique pour cette opportunité économique ? », *op. cit.*, p. 10.

[2] *Idem.*

[3] *Ibid.*, p. 11.

physiques que morales. Le prêt rémunéré constitue un élément essentiel du rouage de l'organisation socio-économique. Il faut ainsi remarquer que les activités économiques sont animées par le crédit. Celui-ci alimente le fonctionnement de la société tout en la faisant progresser économiquement. Par le biais du prêt rémunéré, le *crowdfunding* contribua à pallier l'essoufflement du système financier en place à la suite de la crise des *subprimes*, en ce qui concerne surtout les PME[1]. Le prêt rémunéré consiste à solliciter du prêt, sur la base d'une obligation de remboursement intégral, non seulement du capital, mais également des intérêts. Les règles classiques applicables au prêt s'appliquent. Encore faut-il préciser que ce type de prêt affiche une certaine contrariété à l'égard du monopole bancaire avec lequel il entre en conflit, pareille situation ayant justifié à son égard, une intervention publique notamment en France. Le risque étant ainsi élevé, nos développements ne sauraient l'ignorer. Enfin, il faut également compter l'investissement en société, l'investissement participatif ou encore l'achat de titres financiers, encore dénommé *crowdinvesting*, lequel ne peut être réalisé que par des sociétés. Il s'agit pour cette forme de *Crowdfunding* de la prise de participation dans une société. Derechef, il existe entre cette forme de financement participatif et le monopole des services financiers une certaine opposition. L'investisseur qui va, en effet, détenir des parts dans la société financée sera attributaire de droits sociaux : droits politiques en d'autres termes, droits au vote, droit à l'information et droits financiers en l'occurrence droit aux dividendes, droit au boni de liquidation, droits patrimoniaux, la cession des actions. Le pullulement des investisseurs risquerait néanmoins de mettre à mal

---

[1] MERJI Imen et *al.*, « Crowdequity et Crowdlending : deux alternatives de financement des TPE/PME, le cas de l'entreprise Gifts for Change », *Anale des Mines*, mars 2018, n° 131, p. 37 s.

l'exercice de certains de ces droits[1]. Des montages auraient été alors imaginés afin de remédier à cette situation. Il s'agit du *holding ad hoc*, montage permettant une centralisation du droit de vote des souscripteurs de manière à prémunir l'émetteur de toute perte de contrôle de la société[2]. Il est ainsi juste d'affirmer que le *Crowdinvesting* entraine une difficile articulation tant avec le droit des sociétés qu'avec le droit financier. Nos développements ne peuvent non plus ignorer ces aspects, ces enjeux étant capitaux aux mondes des affaires. Ainsi, seul le financement participatif par prêt à titre onéreux ou *crowdlending* ainsi que le financement participatif par achat de titres ou *crowdinvesting* seront abordés dans le cadre de cette réflexion. Dans un second temps, une délimitation s'impose également s'agissant des branches du droit. Succédané des mécanismes classiques de financement s'agissant des PME[3], rompant l'ésotérisme qui ceint les mécanismes classiques de financement en ce qu'il est facilement accessible à tous, le financement participatif s'inféode d'emblée au droit financier avec lequel celui-ci entretient des relations opposées, étant donné qu'il existe un contraste entre le financement participatif par achat de titres et le monopole des services d'investissement[4]. Il convient de remarquer à la suite que le financement participatif entretient également des liens antagonistes avec

---

1 LAMAY Sandro, *Le nouveau régime français du Crowdfunding et la structuration des opérations de financement participatif en capital des sociétés*, Mastrullo Thomas (dir.), Master, droit, Université Paris Panthéon Sorbonne, 2015, p. 37 s.

2 *Idem.*

3 MERJI Imen et al., « Crowdequity et Crowdlending : deux alternatives de financement des TPE/PME, le cas de l'entreprise Gifts for Change », *op. cit.*, p. 37 s.

4 NETTER Emmanuel, « Le financement participatif », *op. cit.*, p.479 - 508; LEFEBVRE Jean, *Le droit du financement participatif (Crowdfunding)*, *op cit.*, p. 17.

d'autres branches du droit au rang desquelles il faut compter principalement le droit bancaire, le droit des sociétés, le droit de la consommation et le droit civil. S'agissant du droit bancaire, ce contraste découle de ce que le prêt rémunéré entre en collision avec le monopole bancaire. Le droit des sociétés est également concerné, car il résulte une antinomie entre le droit des titres financiers, celui de l'appel public à l'épargne et le fonctionnement du *crowdinvesting*. Le droit de la consommation en ce que la situation du souscripteur qui se retrouve dans une certaine situation d'inégalité structurelle avec la plate-forme ou le porteur de projet s'apparenterait à celui du consommateur, le droit civil, car ce sont les contrats d'adhésion qui seront pour la plupart proposés. Toutefois, faut-il d'ores et déjà évoquer la problématique des suretés, intimement liées au crédit. Dans le cadre du *crowdlending*, les prêteurs sont ainsi en droit de demander légitimement que la plate-forme constitue une garantie ou sureté. Ce qui n'est pas moins légal[1]. Toutefois, si cet aspect doit être écarté, c'est parce que l'impératif des suretés n'empêche nullement le fonctionnement du *crowdfunding*. Il est également nécessaire de préciser l'existence d'un lien entre le droit des données personnelles et le financement participatif, étant donné que l'opération se déroule sur Internet, ce qui permet d'affirmer que la plate-forme détiendrait les données personnelles non seulement des souscripteurs, mais également des personnes financées. Seulement, ce lien n'est pas spécifique au financement participatif. Il transcende toutes les relations impliquant Internet. Ainsi, là, le financement participatif n'est-il point concerné de manière particulière. La plupart de ces disciplines juridiques ainsi donc, en tant qu'elles entretiennent des relations

---

[1] PERRUCHOT-TRIBOULET Vincent, « L'encadrement juridique du prêt opéré par le biais d'une plate-forme de financement participatif », *Bulletin Joly*, décembre 2014, n° 112w1, p. 761 s.

conflictuelles avec le fonctionnement du financement participatif, requièrent de manière primordiale une intervention. D'où l'intérêt de s'y attacher dans le cadre d'une réflexion. Toutefois, l'appellation anglaise de *crowdfunding* sera-t-elle utilisée de manière indifférente avec l'appellation « financement participatif ». De même, l'appellation *crowdlending* sera-t-elle également autant usitée que celle de financement participatif par voie de prêts. Aussi, l'appellation *crowdinvesting* sera-t-elle employée autant que celle de financement participatif par achat de titres financiers. Cet état de choses s'explique par le fait qu'en doctrine, les auteurs emploient indifféremment l'appellation anglaise et l'appellation française.

La fragilisation de la stabilité des systèmes de financement en place par la sélectivité du capital-risque[1], par la succession des crises[2] et ce malgré l'existence de tout un renforcement des règlementations prudentielles[3], conduisirent au développement du *crowdfunding* comme mécanisme de financement[4]. En effet, c'est à la suite de la crise financière, dite des *subprimes* qu'émergea ce mode de financement créé en 2000. Des auteurs ont pu affirmer à propos que « Créé dans les années 2000, le *crowdfunding* (CF) ou financement participatif est une activité financière hétérogène qui tire ses premières lettres de noblesse de

---

1 MERJI Imen et *al.*, « Crowdequity et Crowdlending : deux alternatives de financement des TPE/PME, le cas de l'entreprise Gifts for Change », *op. cit.*, p. 40.

2 BOYER Robert et *al.*, *Rapport sur les crises financières*, Paris : La documentation française, 2004, p. 9, 11, 138.

3 V. CARTAPANIS André, « La crise financière et les politiques macroprudentielles, inflexion règlementaire ou nouveau paradigme ? », *Revue Economique*, mai 2011, n° 3, p. 349 s.

4 ROSE Arnaud, *Le crowdfunding et les banques : menace, complément et enjeux*, Pelurson Guilhem et Geindre Sébastien (dir.), Master, finance et Gestion bancaire, IAE Grenoble, 2016, p. 8.

réussites médiatisées dans le milieu des arts, musique, cinéma (…) » [1]. Il n'en demeure pas moins que cette forme de financement existait antérieurement, exclusion faite toutefois d'Internet. Ainsi, en remontant les années, rencontre-t-on le téléthon, mécanisme de financement qu'un auteur désigne comme étant l'ancêtre du financement participatif[2]. Le téléthon désigne une émission, généralement télévisée qui se déroule durant un certain temps et qui est destiné à récolter des fonds pour une cause. Il faut ainsi comprendre que pour cet auteur, l'essence du financement participatif réside surtout dans l'utilisation d'Internet dans la recherche du financement, puisque le *crowdfunding* et le téléthon ont un fonctionnement systémique identique, la sollicitation du public pour le financement d'une certaine cause. En cela donc le fonctionnement du *crowdfunding* s'identifie à celui du téléthon. Seulement, cette appellation de financement participatif entraine une certaine exclusion des autres mécanismes de financement tel le téléthon utilisant le même mode de fonctionnement que le financement participatif alors que ces mécanismes de financement font également partie de la finance participative et donc constituent une sorte de financement participatif. De plus cette appellation est étroite, car ne permettant pas de saisir la spécificité du mécanisme qu'elle désigne en l'occurrence l'utilisation d'Internet dans le financement. En remontant encore les années, on découvre plusieurs manifestations de ce fonctionnement. En 1713, le poète anglais POPE Alexander qui désire traduire l'œuvre d'Homère, du grec à l'anglais se fait financer par ses admirateurs en échange d'une

---

[1] BESSIERE Véronique et STEPHANY Éric, « Le financement par crowdfunding quelles spécificités pour l'évaluation des entreprises ? », *Revue Française de Gestion*, mai 2014, n° 242, p. 149.

[2] NETTER Emmanuel, « Le financement participatif », *op. cit.*, p. 479 - 508.

reconnaissance en fin de manuscrit[1]. De même, les compositeurs tels que MOZART Wolfgang Amadeus au 18e siècle et BEETHOVEN Ludwig Van ont-ils eu recours à une collette auprès du public pour financer leurs œuvres[2]. De même, le financement de la pose de la statue de la Liberté à New York offerte par la France à l'Amérique vient-il essentiellement d'une collecte publique[3]. D'autres projets également furent réalisés par l'intermédiaire d'une collecte de fonds auprès du public. C'est le cas du canal de Suez, de la construction du tunnel sous la manche[4]. Les manifestations de ce mode de financement avant l'avènement du numérique sont ainsi légion. Si nous remontons à l'antiquité, nous remarquons également que dans la Grèce antique, puis dans la Rome antique, « les citoyens riches étaient appelés à la rescousse pour contribuer sous forme de don au financement d'édifices d'utilité publique, de banquets publics, voire à un effort de guerre, notamment pendant les guerres puniques »[5]. Cette forme de financement était appelée « l'évergétisme »[6]. Egalement au sein de notre société, l'on ne peut passer sous silence l'existence du mécanisme même du financement participatif au sein de l'organisation économique, exclusion faite d'Internet. Ainsi, les « tontines » qu'initient souvent les systèmes financiers décentralisés s'apparentent-elles à une sorte de financement par la foule, étant donné que ces

---

1 GRALLET Guillaume, « Le leader du crowdfunding Kickstarter débarque en France », https://www.lepoint.fr/

2 JOFFRE Oliver et TRABELSI Donia, « Le crowdfunding », *Revue Française de Gestion*, avril 2018, n° 273, p. 81.

3 NTONFO Eric, « Le crowdfunding, de la Statue de la Liberté à nos jours », https://www.financialafrik.com/

4 POISSONNIER Arnaud et BES Beryl, *Le Financement Participatif, un nouvel outil pour les entreprises,* Paris, Eyrolles, 2016, p. 16.

5 *Idem.*

6 *Idem.*

fonds modiques collectés auprès du public feront l'objet de prêts aux acteurs économiques. Seulement, ce système de financement se démarque du financement participatif en ce qu'elle postule à l'intermédiation étant donné que ce sont les systèmes financiers décentralisés eux-mêmes qui sont responsables du remboursement des fonds qu'ils ont collectés et non les prêteurs. De même, par le biais des dons provenant de leurs fondations, les personnes physiques ou morales réalisent-elles une sorte d'opération de don aux personnes. Toutefois, cette forme de financement se distingue-t-elle également du financement participatif sous sa forme actuelle, puisqu'aucun public n'est impliqué en tant qu'apporteur de fonds dans l'opération, à moins que la fondation elle-même ne fasse un appel de fonds au public avec une précision de la destination des fonds. Le financement participatif sous sa forme actuelle ne s'est développé qu'avec Internet. Des 2005 naît une plate-forme de *crowdfunding* en Grande-Bretagne[1]. Plus tard, en 2010, naîtra dans ce même pays, la première plate-forme de financement participatif dédiée à l'investissement participatif, le Funding Circle[2]. Les législateurs étaient demeurés silencieux sur la question du *crowdfunding* pendant un temps avant que n'interviennent des règles dans certains pays dont la France en 2014. Cette législation fut par la suite modifiée et aujourd'hui harmonisée sur le plan communautaire. En droit UMOA, pour l'heure, aucune législation n'est intervenue. Il importe de préciser que dans sa conception originelle, les fonds des souscripteurs doivent être utilisés pour financer le projet ayant reçu le

---

1 MADELAINE Nicolas, « Zopa, première plate-forme du genre », https://www.lesechos.fr/ ; V. GOY Olivier, « Le financement participatif, nouvelle voie de financement pour les PME », *Annale des Mines*, février 2019, n° 1 p. 51.

2 POISSONNIER Arnaud et BES Beryl, *Le Financement Participatif, un nouvel outil pour les entreprises, op. cit.*, p 18 s.

financement, ces fonds ne pouvant en financer un autre. Toutefois, l'utilisation du *crowdfunding* dans le domaine des affaires a-t-elle rangé cette exigence de la destination des fonds aux oubliettes si bien que certains auteurs ont pu douter de l'existence d'un réel *crowdfunding* dans l'entreprise[1]. Seulement, il faut remarquer que la plupart des législations ont adopté s'agissant des affaires, la conception entrepreneuriale du *crowdfunding* en délaissant cette exigence de la destination des fonds uniquement dans le cadre du *crowdinvesting*. Bien que ne pouvant totalement se substituer à la finance traditionnelle à laquelle ont recours les plus grandes entreprises, les chiffres en attestent l'importance. En 2022, le marché du *Crowdfunding* s'éleva à 1 milliard d'euros en France[2]. Il importe ainsi au droit de frayer la voie à la réalisation du *crowdfunding* attendu que ce mode de financement au sein de notre ordre juridique pourrait contribuer de manière non négligeable au développement de l'économie, en soulageant les PME de leurs difficultés de financement.

Dans cette perspective, le *crowdfunding* présente un intérêt certain sur un plan pratique. Il convient dans cette perspective de remarquer que le rôle des PME dans l'économie n'est guère à négliger, aussi bien dans l'espace UMOA qu'en France. A la suite de la crise des *subprimes*, l'enjeu attaché au *crowdfunding* est non moins important. Selon une certaine vulgate, le *crowdfunding* constitue une alternative aux moyens classiques de financement des

---

1 POISSONNIER Arnaud et BES Beryl, *Le Financement Participatif, un nouvel outil pour les entreprises, op. cit.*, p 18 s.

2 Financement Participatif France, « Nouveau record pour le crowdfunding : 2 milliards d'euros collectés en 2022 », https://financeparticipative.org/

entreprises et particulièrement des PME[1], lesquelles présentent une difficulté de financement. Il avait été soutenu que le financement participatif constituerait une alternative à cette situation précaire de financement[2]. Faisant montre d'un entendement similaire, la Commission européenne affirma que : « le financement participatif offre un fort potentiel en tant que complément des sources de financement classique et pour contribuer au financement de l'économie réelle (...) Il s'agit de l'un des nouveaux modèles de financement qui contribuent, de manière croissante, à aider les start-ups (...) pour lesquels il est difficile d'accéder à d'autres formes de financement »[3]. De même, le parlement européen et le conseil européen ont affirmé dans le considérant n°3 du Règlement (UE) 2020/1503 du Parlement européen et du Conseil du 7 octobre 2020 relatif aux prestataires européens de services de financement participatif pour les entrepreneurs et modifiant le Règlement (UE) 2017/1129 et la directive (UE) 2019/1937 que « le financement participatif peut contribuer à faciliter l'accès des PME au financement et à compléter l'union des marchés des capitaux (UMC). L'accès insuffisant au financement pour ces PME constitue un problème même dans les États membres où l'accès aux financements bancaires est resté stable tout au long de la crise financière ». En Afrique subsaharienne, la question de

---

1 MERJI Imen et *al.*, « Crowdequity et Crowdlending : deux alternatives de financement des TPE/PME, le cas de l'entreprise Gifts for Change », *op. cit.*, p. 37 s.

2 LAGUESSE Giles et *al.*, « Le point sur les plates-formes de financement », *Revue Internationale du Droit des Affaires*, 2019, n° 132, p. 33 ; BEN SLIMANE Faten et *al.*, « Ces entrepreneurs qui attirent les foules », *Anale des Mines*, mars 2018, n° 131, p. 3.

3 Commission européenne, « Communication du 27 mars 2014 au parlement européen, au conseil, au comité économique et social européen et au comité des régions, Libérer le potentiel du financement participatif dans l'Union européenne », https://eur-lex.europa.eu/

l'accès difficile des PME pourtant foisonnant[1] au financement se pose avec une acuité particulière. Des politiques économiques hétérogènes intervenant fréquemment laissent perplexe quant à leurs congruences. Dans cette perspective, la BRVM a créé un troisième compartiment sur le marché régional réservé aux PME. Celui-ci néanmoins est réservé aux PME constituées sous forme de SA, les autres types de sociétés étant exclus[2]. La BCEAO a également entrepris des actions permettant de faciliter le financement aux PME dans l'Annexe à la décision n° 029/09/2015/CM/UMOA relative à la mise en place d'un dispositif de soutien au financement des petites et moyennes entreprises et des petites et moyennes industries dans les Etats membres de l'UMOA. Ce dispositif exige que les PME/PMI concernées observent des critères financiers relatifs à la rentabilité et à la capacité de remboursement des crédits bancaires sollicités. Ce qui pourrait en exclure certaines. Un récent rapport, bien que relatif à un secteur précis de l'économie a mis en lumière cette situation précaire de financement pour les PME[3]. Cette situation semble préoccupante. Cependant, le *crowdfunding* peut constituer le mode de financement salvateur des PME. Aussi bien, est-il utile de préciser au soutien de cette affirmation que pour nos économies, la contribution des PME, fut-elle en dessous de leurs réelles capacités, est importante comme en France[4]. Le *crowdfunding* peut ainsi contribuer au développement de

---

[1] Financial Afrik, « Les principales causes de défaut des PME en Afrique », https://www.financialafrik.com/

[2] BRVM, « La BRVM lance son troisième compartiment pour les PME », https://www.brvm.org/

[3] SADESKI Francie et *al.*, *Les causes de défaut des PME en Afrique subsaharienne : l'exemple d'ARIZ,* Paris, juin 2019, p. 3.

[4] LECOINTRE Gilles, *La PME, l'entreprise de l'avenir,* Paris, Gualino éditeur, 2006, p. 113.

nos « économies vulnérables »[1]. Ainsi, reste-t-il que l'univers juridique du *crowdfunding* demeure à préciser. Bien précisé, celui-ci contribuerait activement à faciliter le financement de ces entreprises. D'où l'intérêt d'y consacrer une étude. Il faut affirmer dans cette perspective que la nouvelle loi-cadre portant règlementation bancaire adoptée en juin 2023 évoque le financement participatif. Seulement, il s'agit toujours d'un encadrement embryonnaire, car ainsi que cela sera développé dans toute la réflexion, le régime juridique du financement participatif ne se contenterait guère de quelques articles. De même, l'encadrement de ce mode de financement ne saurait-elle être l'apanage du seul législateur bancaire ou financier, au sein d'un espace où la physionomie du législateur varie nécessairement en fonction des matières. Alors que le financement participatif étant un système liant diverses matières, la « maintenance » d'une seule pièce de l'engrenage ne permet pas de faire fonctionner l'ensemble du système défectueux. Allant sur un plan théorique, nous affirmerons que la présente réflexion présente l'intérêt de jeter les bases d'une systématisation du droit du financement participatif à travers ses acteurs, en relevant les antinomies qui existent entre ce nouveau mode de financement ainsi que certaines disciplines juridiques et en proposant des solutions. Mais plus essentiellement sur le plan théorique, cette étude permet dans un premier temps de rendre compte du dépassement de certaines règles fondamentales au droit bancaire. Il s'agit en l'occurrence du monopole bancaire, monopole aujourd'hui dépassé par l'émergence du *crowdlending* et par l'extension du champ d'application du mécanisme de crédit soulevée par la doctrine[2]. Dans un

---

[1] Banque mondiale, *Doing Business dans les Etats membres de l'OHADA 2017*, 2017, p. 31.

[2] AGBENOTO Koffi, « La notion d'opération de crédit », *Les Petites Affiches*, février 2023, n° 2, p. 30 s.

second temps, il faut observer que cette étude sur un plan théorique rend compte de la décrépitude de l'encadrement des mécanismes de financement au sein de notre ordre[1].

Bien que le financement participatif revête un intérêt pour nos économies, l'environnement juridique de ce dernier peut constituer un facteur d'obstacle à sa réalisation si celui-ci ne se révèle pas pertinent. Selon un auteur, en Afrique, « Le manque de clarté règlementaire limite (…) la croissance des plates-formes de financement participatif… »[2]. Ainsi, est-il nécessaire de préciser cet environnement. Ce qui potentiellement appelle une démarche en deux temps : le régime juridique actuel du financement participatif convient-il à celui-ci ? Dans la négative, quel régime juridique faut-il pour ce mécanisme de financement ?

En d'autres termes, quel régime juridique pour le financement participatif ?

Le régime juridique actuel, étant en plus de certaines législations inadaptées celui du système financier classique, il n'existe ainsi aucune législation originelle au financement participatif qui prenne en compte sa spécificité. Ainsi, d'un point de vue juridique, ce mode de financement en vogue est inorganisé. Il faudra donc bâtir à celui-ci, un régime juridique pertinent prenant en compte ces spécificités.

Il est ainsi opportun de consacrer une première partie à la démonstration du caractère inorganisé du régime juridique actuel du financement participatif (Partie I) pour ensuite envisager dans la seconde partie les possibilités d'un droit prospectif adapté à son fonctionnement (Partie II).

---

[1] *Cf infra*, page 87 s.

[2] V. TOESLAND Finbarr, « Le financement participatif (crowdfunding) alternative source de financement pour les entrepreneurs africains », https://www.un.org/africarenewal/fr/

PARTIE I.
UN MODE DE FINANCEMENT INORGANISE

Le régime juridique actuel du financement participatif, en plus d'intégrer les règles du droit commun et certaines règles spécifiques toutes inadaptées, se retrouve surtout dans la législation applicable au système financier classique. Dans cette dernière logique, puisque le fonctionnement du *crowdfunding* se distingue nettement de celui du système financier classique en ce que le *crowdfunding* vise à se rapprocher des investisseurs à travers de menus montants et par l'intermédiaire d'une plate-forme immatérielle, la législation applicable au système financier classique lui apparait alors inadaptée. Non seulement cette inadaptation du régime juridique touche les parties à l'opération (Chapitre 1), mais aussi les plates-formes intermédiaires de *crowdlending* et de *crowdinvesting* (Chapitre 2). C'est cette inadaptation qui, en effet, témoigne du caractère inorganisé de ce mode de financement.

CHAPITRE 1.

UNE INADAPTATION DES REGLES AUX PARTIES

Les dispositions applicables à l'action du porteur de projet ne sont pas adaptées. Seulement, les règles ne sont directement inadaptées à celui-ci que dans le cadre du financement participatif par achat de titres (1). Dans le financement participatif par prêt, l'inadaptation ne touche la situation du porteur de projet que par l'intermédiaire du souscripteur[1]. Chemin faisant, le porteur de projet n'a donc de situation personnellement contraire à la législation. Aussi, la protection légale des souscripteurs, qui fourniront les fonds, apparait assez inadaptée (2).

1. Une inadaptation touchant l'émetteur de titres

Procédant à un appel de fonds auprès d'un public, la société émettrice de titres dans le cadre du financement participatif par achat de titres ou *crowdinvesting* se heurte à la minutieuse législation applicable à l'appel public à l'épargne (1.1). Aussi, ne faudrait-il pas oublier que la levée des fonds dans le cadre du *crowdinvesting*, appelle l'émission de titres financiers par Internet. Auscultant à la

---

[1] Puisque le souscripteur ne peut octroyer plusieurs fois des prêts à titre onéreux sous peine de violer le monopole bancaire. Ce qui entrave la réalisation de l'opération de financement participatif par prêt. V. COLLART-DUTILLEUL François et DELEBECQUE Philippe, *Contrats civils et contrats commerciaux*, 11 éd., Paris, Dalloz, 2019, p. 836 s.

suite la législation applicable aux titres financiers, nous remarquons que celle-ci également apparait inadaptée (1.2).

1.1. Une inadéquation des règles régissant l'appel public à l'épargne

Pour démontrer cette inadéquation, il nous importe d'observer l'exclusion dont fait l'objet certains émetteurs de la part de la législation applicable à l'appel public à l'épargne (1.1.1) avant de montrer l'inadaptation qui ressort du régime juridique applicable à ceux dont cette législation régit la situation (1.1.2).

1.1.1. L'exclusion de certains émetteurs de l'appel public à l'épargne

L'appel public à l'épargne constitue un mécanisme de financement strictement encadré. Au terme de l'article 81 de l'AUSCGIE, « sont réputées faire publiquement appel à l'épargne :
-les sociétés dont les valeurs mobilières sont admises à la négociation sur la bourse des valeurs d'un Etat partie, à dater de l'admission de ces titres
-les sociétés ou toute personne qui offrent au public d'un État parti des valeurs mobilières (…) ».

L'article 19 de l'Annexe portant composition, organisation, fonctionnement et attribution du conseil régional de l'épargne public et des marchés financiers en donne une définition peu ou prou similaire. Selon celui-ci, « (…) Sont réputés faire appel public à l'épargne, les Etats ou toute autre entité :
a) dont les titres sont disséminés au travers d'un cercle de cent personnes au moins, n'ayant aucun lien juridique entre elles ;
b) qui, pour offrir au public de l'UMOA des produits de placement, ont recours à des procédés quelconques de sollicitation du public, au titre desquels figurent notamment la publicité et le démarchage

c) dont les titres sont inscrits à la cote de la bourse régionale ».

A travers ces définitions, il convient de remarquer que quatre critères concourent à la précision de cette notion s'agissant de ces deux définitions : l'inscription à la cote d'une bourse de valeur ; l'offre au public de valeurs mobilières, « la dissémination des titres au travers d'un cercle de cent personnes au moins n'ayant aucun lien juridique entre elles » ; le recours à des procédés quelconques de sollicitation du public notamment « la publicité » et « le démarchage ».

Toutefois, ne pourrait-il être mis sous silence le tempérament apporté par le législateur de l'OHADA à cette notion. Ainsi donc, le législateur OHADA exclut à l'article 81-1 de l'AUSCGIE de l'offre au public de titres financiers, toute offre adressée à des individus possédant une qualité d'investisseur qualifié et agissant pour leurs propres comptes ; toute offre adressée à moins de cent personnes n'ayant nullement un statut d'investisseurs qualifiés ; toute offre dont le montant n'excède pas un montant de 50.000.000 sur une période de 12 mois. Seulement dans ces cas, la législation financière s'appliquera si les sociétés concernées remplissent les conditions du législateur financier de sorte que la société sera réputée faire appel public sur la base l'article 19 de l'Annexe portant composition, organisation, fonctionnement et attributions du Conseil Régional de l'Epargne Publique et des Marchés Financiers.

S'agissant de l'émetteur de titres par Internet dans le cadre du *crowdinvesting*, la législation financière lui est applicable. L'emploi, en effet, par le législateur du droit financier de l'expression « recours à des procédés quelconques de sollicitation du public » intègre l'Internet qui constitue l'outil contemporain de communication le plus usité et fait ainsi pénétrer dans le champ de l'appel public à l'épargne l'émission de titres par voie d'Internet. Les activités exercées par l'émetteur entrent également dans le champ de la définition de l'appel public en droit OHADA puisque l'émetteur des titres par voie de *crowdinvesting* offre des valeurs mobilières à un public. Ces émetteurs, par ailleurs, ne peuvent revêtir qu'une forme de SA ou de GIE constitué de SA étant donné que seules ces dernières peuvent émettre des valeurs mobilières hormis les SAS que l'article 853-4 de l'AUSCGIE exclut de l'émission des valeurs mobilières par le canal de l'appel public à l'épargne. Ce qui de plein saut, exclut les sociétés revêtant une forme juridique dissemblable.

Or, le financement participatif étant surtout destiné aux petites sociétés, lesquelles revêtent pour la plupart d'autres formes juridiques que celle de la SA, la législation ne permet pas ainsi à ces petites sociétés de procéder à une offre publique de titres, d'où il suit que celle-ci est inadaptée. Ainsi donc, pour l'heure, la loi applicable à l'appel public à l'épargne exclut ces sociétés de sorte que celles-ci ne peuvent guère procéder publiquement à un appel de fonds sous peine de voir leurs opérations annulées sur la base de l'article 82 de l'AUSCGIE.

Brièvement, il est à retenir que seules les SA sont autorisées à procéder à un appel public de fonds et donc au financement participatif. Cependant, dans ce cas, le régime juridique applicable à celles-ci n'est également pas adapté.

1.1.2. L'impertinence du régime juridique de l'appel public à l'épargne aux émetteurs non exclus

Dans l'opération de *crowdfunding* réalisé par une SA, ce dernier devra observer les dispositions applicables à l'appel public à l'épargne. Dans cette perspective, l'impertinence du régime juridique applicable, concerne non seulement les dispositions du droit UMOA, mais également celles du droit OHADA.

S'agissant du droit OHADA, il faut distinguer personne des acteurs de leurs obligations.

Pour ce qui est de la personne des acteurs, il ne peut s'agir que de SA puisque seules ces dernières peuvent émettre des valeurs mobilières et vu que l'appel public à l'épargne ne concerne que l'émission de ces valeurs. S'agissant des obligations de ces acteurs, les sociétés désirant faire appel public à l'épargne, les SA en l'occurrence, doivent posséder un capital social minimum de cent millions (100.000.000) de FCFA. Le législateur prévoit en sus aux articles 823 et suivants de l'AUSCGIE, un certain nombre de règles rigides spécifiquement applicables à ces acteurs en ce qui concerne leurs constitutions et leur fonctionnement. La lecture de ces règles montre l'inadaptation qui transcende cette législation s'agissant du *crowdinvesting*, car ces règles sont à vrai dire rigides pour les petites sociétés. Ce qui se justifie, car le législateur OHADA en concevant les règles à une époque où n'existait pas le *crowdfunding*, ne visait que l'hypothèse d'une SA trainant de lourds capitaux, laquelle nécessite un encadrement minutieux du fait des sommes élevées investies. Ainsi, l'hypothèse des petites sociétés revêtant la forme de SA n'était guère visée. Or le financement participatif est par essence un moyen de financement susceptible du fait des sommes modiques qu'elle appelle d'être surtout usité par les SA lilliputiennes que par les plus grosses. Cette législation apparait ainsi impertinente.

Ensuite, les articles 83 à 85 ; 86 à 96-1 régissent le contenu de l'offre publique de titres. A la lecture de ceux-ci, il ne fait aucun doute que la philosophie essentielle de ces articles serait d'assurer au public une information pertinente afin de lui permettre d'investir en connaissance de cause. Ainsi, un document d'information doit-il être fourni aux investisseurs. Ce document est soumis au visa du CREPMF ou à défaut à celui du ministre chargé des finances. Cette disposition s'appliquerait de manière quasi systématique dans le cadre du *crowdinvesting*. Celui-ci étant réalisé sur Internet, il va de soi que l'émission toucherait des souscripteurs issus de maints Etats, parties ou non. L'émetteur devra ainsi observer cette prescription qui n'est pas moins inadaptée à sa situation puisqu'il est logique qu'il serait assez difficile pour celui-ci de prévoir *ex ante*, le pays de résidence de tous les investisseurs potentiels que pourra toucher la réalisation de son opération. Il serait ainsi enclin à procéder à la publication de ce document dans tous les Etats parties[1], ce qui risque d'être coûteux pour l'émetteur possédant des moyens financiers limités. De plus, l'opération, dans ce cas selon l'article 85 de l'AUSCGIE, doit être garantie par une banque de l'Etat partie si le montant global de l'offre dépasse 50.000.000. Il faudrait alors que l'émetteur fasse garantir l'opération dans tous les Etats parties. Par ailleurs, les opérations que l'article 95-1 exclut de l'obligation de publier ce document sont incompatibles avec l'émission par voie de *crowdinvesting* en ce qu'elles visent des opérations spécifiques.

En ce qui concerne le droit financier, l'émetteur doit pour effectuer tout appel public à l'épargne obtenir un visa du CREPMF s'agissant du document ou de la note d'information. Les articles 2 et suivant de l'instruction n° 36/2009 révisée relative à l'appel public à l'épargne sur le marché financier régional de l'UMOA du CREPMF prévoient cette exigence en ce qui concerne le marché financier régional. L'article 19 de l'Annexe portant composition, organisation, fonctionnement et attributions du Conseil Régional de l'Epargne Publique et des Marchés

---

1 Sauf à limiter l'émission sur un territoire donné. Ce qui peut empêcher l'atteinte de l'optimum dans le cadre de la collette.

Financiers en son premier alinéa prévoit cette exigence de manière générale.

En résumé, l'inadaptation de ces dispositions réside en ce que le *crowdfunding*, opération surtout pertinente au financement des menues entreprises auxquelles est destiné celui-ci étant donné qu'il fait surtout appel aux fonds modiques, se voit appliquer les règles rigides régissant l'appel public à l'épargne. Ce serait dans cette perspective une bévue d'imaginer une société avec un capital social minimum de 100.000.000 de FCFA dont la constitution et le fonctionnement sont minutieusement règlementés requérir l'autorisation du CREPMF aussi incertaine et coûteuse soit-elle, pour ensuite offrir des sommes modiques sur une plate-forme Internet. Par où l'on voit que quand bien même cette législation serait susceptible de s'appliquer au *crowdinvesting*, celle-ci ne vise point la bonne société et contrarie par voie de conséquence certaines PME dont les petites SA qui, pour l'essentiel, ont également besoin de ce mode de financement. Autrement dit, les SA autres que celles qui sont éligibles à l'appel public à l'épargne sont exclues de l'opération là où celles qui y sont éligibles préfèreront probablement faire prioritairement un appel public à l'épargne classique dans une perspective de drainer de lourds capitaux que le *crowdfunding* pourrait difficilement atteindre. Alors même que ce sont les SA autres que celles autorisées à faire appel public à l'épargne qui ont le plus besoin d'une alternative au financement bancaire.

L'appel public à l'épargne se réalise principalement à travers l'offre de valeurs mobilières. Au grand dam des émetteurs, la législation applicable à l'émission de titres négociables n'est que moins adaptée.

1.2. Une inadéquation de l'encadrement de l'émission des titres financiers sur Internet

Ce serait une bévue d'affirmer la réductibilité de l'émission de titres financiers par Internet au *crowdfunding*. Aussi, l'émission de titres financiers mêle-t-elle Internet hors du parangon du financement participatif. Il en est ainsi en France où les investisseurs peuvent par exemple accéder à des marchés financiers par voie d'Internet et y réaliser des opérations sur les titres financiers directement en ligne[1]. Le trading à haute fréquence illustre également cette situation. S'agissant du *crowdfunding* cependant, face aux difficultés entourant la législation sur les titres financiers, les règles se trouvent impuissantes (1.2.1). En outre, une autre difficulté particulière relative à la prise de risque par l'émetteur mérite attention (1.2.2).

1.2.1. L'insuffisance de l'encadrement des titres financiers éligibles à l'émission sur Internet

Les titres financiers regroupent les actions, les obligations et d'autres titres dont la loi ne mentionne aucunement le nom. Ainsi, selon l'article 744 de l'AUSCGIE, les SA peuvent-elles émettre des valeurs mobilières ainsi que d'autres titres financiers. Les valeurs mobilières regroupent les actions et les obligations. Le terme « autres titres financiers » issu de cet article ouvre selon un auteur la possibilité aux SA d'émettre une troisième catégorie de titres présentant néanmoins des caractéristiques communes à celles des valeurs mobilières, lesquelles constituent également des titres financiers[2]. Ces titres présentent un caractère de négociabilité.

---

[1] V. COURET Alain et *al.*, *Droit financier*, 3e éd., Paris, Dalloz, 2019, p. 39.

[2] MBISSANE Ngom., « Sociétés anonymes faisant appel public à l'épargne », in Pougoue Paul-Gerard, *Encyclopédie du droit OHADA*, Lamy, 2011, p. 1883 - 1907.

Le financement participatif étant un modèle de financement tourné pour la plupart vers les petites entreprises et appelant un nombre pullulant d'investisseurs, celui-ci comporte dans cette logique nombre de conséquences s'agissant de la législation applicable aux titres financiers. Deux hypothèses se présentent en ce qui concerne l'insuffisance des règles encadrant l'émission de titres à la société émettrice.

Premièrement, s'agissant des actions, les SA procédant par voie de *crowdinvesting* pour se financer peuvent autant que faire se peut dès lors qu'ils sont autorisés à faire appel public à l'épargne, émettre ces titres par Internet. Cependant, des difficultés demeurent à soulever. Un auteur, faisant référence au nombre potentiellement élevé d'investisseurs, affirme dans cette logique *qu'*« avec un actionnariat aussi large et disparate, toute participation effective aux délibérations collectives de la société est illusoire »[1]. De même selon ce même auteur, la gestion du « back office »[2] qui comprend le « contrôle des souscriptions, (…) la vérification des versements, la comptabilisation des opérations et la mise à jour de la situation des investisseurs »[3] peut selon ce même auteur, s'avérer rude au regard du nombre éventuellement élevé de ces derniers. Dans cette perspective, selon un autre auteur, « le traitement des flux et le suivi du stock de produits financiers en cours de vie sociale peut s'avérer être une tâche herculéenne face à un nombre trop important d'actionnaires : (…) le versement de dividendes, l'exercice

---

1 LAMAY Sandro, *Le nouveau régime juridique français du crowdfunding et la structuration des opérations de financement participatif en capital des sociétés*, *op. cit.*, p. 37.

2 *Ibid.*, p. 38.

3 *Idem.*

de droits de vote ou de droits de souscription (…) »[1]. En réalité, ces difficultés sont déjà connues des sociétés cotées en bourse, lesquelles font également face à un nombre foisonnant d'actionnaires. Le développement de l'« actionnariat populaire »[2] soulève pour les sociétés cotées des effets pervers, entre autres la communication des informations, les frais de convocations, la gestion des titres[3]. En d'autres termes, les mêmes difficultés que celles qui sont soulevées dans le cadre du *crowdinvesting*.

Dans cette perspective, la loi ne prévoit de solution que pour la convocation aux Assemblées. S'agissant de cette dernière, hormis la solution légale de l'émission d'actions de préférence sans droit de vote, il n'en existe plus aucune. Cette solution permet de s'affranchir de la convocation des actionnaires aux Assemblées, mais demeure toutefois limitée à la moitié du capital social selon l'article 778-1 de l'AUSCGIE. Ainsi, la société ne peut-elle réaliser pleinement cette opération. Car, déduction faite des actions couvrant la moitié du capital social, il faudrait émettre des actions ordinaires. Or, ces actions sont dotées du droit de vote et peuvent se révéler foisonnantes. Dans cette perspective, l'organisation des Assemblées en droit OHADA commande la publication d'un avis dans un journal habilité à recevoir des annonces légales du pays du siège social et des autres Etats dont le public est sollicité. Cet avis comprend un certain nombre de mentions relatif à l'assemblée générale selon l'article 831 de l'AUSCGIE. Une tâche sans doute assez pesante et délicate pour l'émetteur par voie du *crowdinvesting* compte tenu de la

---

1 STUCKI Dominique, *Financer une entreprise par le crowdfunding : les nouvelles règles de l'investissement participatif*, Leroy Arnold (préf.), Eyrolles, 2017, p. 93.

2 MERLE Phillipe et FAUCHON Anne, *Droit commercial, sociétés commerciales*, 23e éd., Paris, Dalloz, 2019, p. 311.

3 *Idem*.

profusion des actionnaires issues éventuellement de plusieurs Etats et de la grande mobilité à laquelle seraient soumis les titres du fait de la qualité *a priori* d'investisseur des souscripteurs. Ce qui démontre une insuffisance de la législation, laquelle n'offre que la seule solution des actions de préférence. Cette impertinence se renforce, puisque les Assemblées d'obligataires sont convoquées selon l'article 797 de l'AUSCGIE dans les mêmes conditions que ceux des actionnaires.

Deuxièmement, concernant les sociétés autres que la SA, une difficulté se présente. En effet, étant donné que ces sociétés ne peuvent émettre publiquement des titres financiers, l'on ne saurait déduire qu'une inaccessibilité de celles-ci aux *crowdfunding*. Il apparait évident que cette législation est là également impuissante à leur permettre une pénétration de l'univers juridique du *crowdfunding*.

Il ne faudrait guère oublier cependant que le *Crowdfunding* mêle Internet *in extenso*. Ce qui porte également un danger éventuel à l'égard des émetteurs.

1.2.2. L'inexistence d'un encadrement de la prise de risque

Prima facie, il est essentiel de préciser que dans ce présent sous-paragraphe, il s'agit de procéder à une observation prophylactique. Il s'agit de préciser une difficulté qui pourrait potentiellement se révéler si le législateur venait à ne pas saisir celle-ci lors de ses réformes.

Réaffirmons sans être redondant que financement participatif tel que nous le connaissons et Internet sont inextricables. La difficulté pour la société émettrice serait ainsi la toute-puissance de l'Internet. En effet, grâce à celui-ci, l'opération de *crowdfunding* impliquera un nombre très croissant d'internautes. Le cas de la demande de levé de 10 dollars par une internaute *via* la plate-forme kickstater qui aboutit à la fin à la collection de 55.000 dollars exemplifie cette situation[1].Bien que cet exemple ne concerne que le mécénat participatif, celui-ci révèle quand même la puissance d'Internet et doit interpeller les pouvoirs publics sur les risques liés au financement des projets que pourrait engendrer l'utilisation de celui-ci. Plus les personnes seront atteintes, plus les sommes réunies seraient élevées et plus l'entreprise prendrait d'énormes risques. Et puisqu'il s'agit de sommes modiques *via* Internet, la société ambitieuse qui au début affiche une bonne situation financière serait ainsi tentée de procéder de manière démesurée à cette opération. Bref, l'Internet pourrait appeler une utilisation abusive de ce mécanisme. La difficulté se situerait au niveau du remboursement. C'est dire qu'étant donné que les fonds objet de l'opération ne sont point plafonnés, la société peut masser une somme « astronomique » que sa taille et son chiffre d'affaires ne permettront pas d'obtenir s'il usait de la finance classique, cela sur la base de la production surtout de fausses informations, de la fraude[2] et même de l'escroquerie[3], ce qui posera plus tard des difficultés de versement de dividendes dans la mesure où les affaires tourneraient mal par exemple. Faute d'encadrement, de plafonnement des émissions, on verrait des émissions fréquentes de titres avec le risque pour la société de ne pas

---

1 V. Netter Emmanuel, « Le financement participatif », *op. cit.*, p. 479 - 508.

2 MOUSSAVOU Jean et BRANELLEC Gurvan, « La problématique du risque dans le financement de projets innovants : une analyse juridique et managériale du crowdfunding base sur le rendement financier », *Les innovations*, février 2018, n° 56, p. 220 s. ; STORCK Michel, « Les nouveaux statuts français de conseillers en investissement participatif et d'intermédiaires en financement participatif », *Revue Lamy Droit des Affaires*, juillet 2015, n° 106, p. 3.

3 TRACFIN, « Le crowdfunding et ses risques », *Annale des Mines,* février 2016, n° 1, p. 62.

pouvoir être en mesure d'honorer ses engagements envers les investisseurs, ce qui pourrait mettre fin non seulement à la popularité du *crowdinvesting*, mais également à celle de cette même société qui se trouverait en difficulté et entrainerait par-là les investisseurs dans une situation non convoitée. Également, selon un auteur, « lors d'une opération de financement participatif, l'entreprise doit dévoiler de l'information stratégique sur les caractéristiques de son projet. Elle court donc le risque d'être copiée sans coût par des concurrents. »[1]. Ces concurrents qui peuvent à la suite rentrer dans son capital sans mal d'ailleurs en souscrivant des titres *via* le *crowdfunding*, ce qui présente dans une certaine mesure un risque de prise de contrôle rampante de l'entreprise par les concurrents.

Le développement économique recherché en majorité pour les microentreprises par l'entremise du *crowdfunding* se verrait ainsi donc mis à mal par des surendettements chroniques des porteurs de projet présomptueux ainsi que par l'existence d'un risque de prise de contrôle rampante par les tiers. Ainsi, à force d'être insatiable, le porteur de projet se submergerait et entrainerait, par conséquent, sa propre chute.

Toutefois, n'existe-t-il en droit UMOA en l'état actuel, une disposition posant des balises à l'action du porteur de projet. Subsidiairement, les dispositions encadrant l'appel public à l'épargne sauraient dans une certaine mesure se révéler pertinentes. Il conviendra dans cette perspective de remarquer que les sociétés exclues de l'appel public à l'épargne par ces dispositions ne seront pas autorisées autant à procéder à l'opération et les sociétés éligibles feront face pour la plupart à un formalisme rigide et coûteux, lequel les réduirait aux plus grosses. En effet,

---

[1] FIGUET Jean-Marc, « Le crowdfunding en France : bilan et perspectives économiques », *Droit et Patrimoine*, juin 2017, n° 200., p. 4.

puisque des sommes élevées sont exigées par la législation actuelle pour la réalisation du *crowdfunding*, la société à capital social de 100.000.000 de FCFA comme l'exige l'Acte Uniforme pourrait procéder à cette opération, mais le risque est assez réduit puisque bon nombre de sociétés pour lesquelles le *crowdfunding* revêt un intérêt en l'occurrence la majorité des PME sont écartées par la législation actuelle de l'exercice de ce mode de financement.

Ainsi, l'utilisation abusive n'est-elle point assez à craindre.

Le danger s'élèverait si le législateur venait à adapter la législation à la faveur de l'émetteur, sans se saisir en particulier de cet aspect. Il s'agit de protéger l'investisseur et d'assurer une véritable efficacité économique. Toutefois, pour l'heure, la législation demeure-t-elle inadaptée.

La crainte d'une utilisation abusive de ce mécanisme par l'émetteur renouvelle le débat sur la protection offerte au souscripteur afin d'assurer à l'égard de cette dernière une prévention des risques de perte de sa mise, de participation frauduleusement provoquée par la fourniture de fausses informations de la part des autres acteurs. Il faut observer à la suite que la protection du souscripteur n'est pas assurée par la loi.

2. Une inadaptation touchant le souscripteur

De prime abord, il faut préciser que le souscripteur autre qu'une banque viole le monopole bancaire s'il consent des prêts à titre onéreux. Cette inadaptation étant toutefois patente et assez clarifiée par le législateur dans la loi portant règlementation bancaire, celle-ci n'appelle aucun commentaire particulier s'agissant du souscripteur. A la suite, il faut remarquer qu'étant en présence d'un système financier soumis à la désintermédiation au sein duquel le souscripteur est adhérent et présumé profane dans la relation contractuelle qui le lie au porteur de projet ou à l'émetteur, la situation du souscripteur tend essentiellement vers sa protection en raison de la démultiplication des risques avec notamment la présence d'Internet dans la réalisation de l'opération. Toutefois, au-delà d'une législation consumériste de base quasi inexistante (2.1), la législation consumériste spéciale n'a-t-il pu guère régir la protection du souscripteur auquel ne reste-t-il qu'un droit commun qui se révèle pour sa part inadapté (2.2).

2.1. Une inadéquation du droit consumériste de base

L'étude du cadre consumériste de base, lequel, en partie inexistant et calqué sur la vente de produits industriels, révèle fort bien que celui-ci ne peut s'aiguiller dans le sens du *crowdfunding* (2.1.2). Toutefois, si concernant le droit consumériste spécial notamment avec l'asymétrie d'information, le bénéfice des règles consuméristes apparait clairement s'agissant du souscripteur, ce même bénéfice pour un droit consumériste de base n'est-il entièrement évident. Celui-ci nécessite en effet la démonstration de sa pertinence (2.1.1).

2.1.1. Le bénéfice d'un droit consumériste de base

De manière générale, la raison d'être d'une législation consumériste, c'est la protection du consommateur. En droit comparé, cette notion assez imprécise n'a encore réussi à se fixer un contenu invariant[1]. Il faut néanmoins rappeler que la protection du consommateur s'identifie aux obligations d'information mises à la charge des professionnels, à la lutte contre les clauses abusives issues de l'asymétrie d'information ou de l'inégalité économique qui existe entre le consommateur et le professionnel. Et la clause abusive, c'est celle qui crée un déséquilibre significatif entre les droits et les obligations du consommateur et celles du

[1] DUPIN Caroline, *La notion de consommateur*, Labarthe Françoise (dir.), Master, droit des contrats, université Paris-Sud, 2014, p. 34 s.

professionnel au sein de la relation contractuelle qui lierait ces derniers, au sens de l'article L212-1 du Code de la consommation français. Dans notre législation, il n'existe aucune définition de droit commun de la notion de consommateur. Cependant, pour le souscripteur potentiel, nombreux sont les bénéfices attachés aux règles qui résultent d'une protection consumériste de base.

La lutte contre les clauses abusives constitue certainement un bénéfice que pourrait procurer le droit commun de la consommation au souscripteur puisqu'il faut imaginer que ce dernier dans le cadre du financement participatif par prêt à titre onéreux ou par achat de titres, qui agit pourtant dans le but de se procurer un bénéfice, ne constituerait point un professionnel de la finance, n'agirait pas davantage dans le cadre d'une profession et serait par conséquent un profane. L'asymétrie d'information existe ainsi[1]. D'ailleurs, un « consommateur qui spécule demeure un consommateur »[2]. Cela n'exclut pas en revanche que cette activité puisse s'exercer professionnellement. Même dans cette dernière hypothèse, l'asymétrie d'information pourrait exister comme d'ailleurs dans toutes les modalités de financement[3]. Seulement, plus intéressant serait un régime juridique propre au souscripteur profane, car le souscripteur professionnel n'étant pas totalement profane et agissant dans le cadre d'une activité professionnelle n'aurait besoin que d'une protection minimum

---

1 MOUSSAVOU Jean., « Asymétries d'information et crowdfunding le cas du financement de projets entrepreneuriaux », *Revue Française de Gestion, 2017, n° 268*, p. 62.

2 V. dans cette perspective CATTALANO-CLOARE Garance., « Le consommateur qui spécule demeure un consommateur », *l'Essentiel Droit des Contrats*, novembre 2016, n° 10, p. 4 ; V. aussi Cass. civ., 22 sept. 2016, n° 15-18858, Époux X c/ Sté Nordea Bank, PB.

3 MOUSSAVOU Jean., « Asymétries d'information et crowdfunding le cas du financement de projets entrepreneuriaux », *op. cit.*, p. 62.

contrairement au souscripteur consommateur qui court le risque d'investir ses économies. En France par exemple, la lutte contre les clauses abusives existe aussi bien dans le cadre d'une relation contractuelle déséquilibrée entre un professionnel et un consommateur que dans celui d'une relation contractuelle déséquilibrée entre deux professionnelles. Seulement la lutte contre les clauses abusives ne relève pas du même texte selon que l'on se situe dans une relation contractuelle consumériste ou au sein d'une relation contractuelle entre deux professionnelles, car les sanctions ne sont pas identiques. En outre, un cadre consumériste de base produirait un autre bénéfice plus essentiel au souscripteur dans le cadre du *crowdfunding*.

Parlant de l'hypothèse du non-droit, le doyen Carbonnier faisait référence à la vente de laitue. A propos de cette dernière, le doyen fit remarquer que « si l'intérêt qui s'y attache est trop faible, il ne se rencontrera personne pour plaider (…). Il existe ainsi une série de seuils juridiques que la plupart des relations sociales ne franchissent pas. C'est le motif pour lequel, par exemple, un droit de la vente de la laitue au détail aurait peine à se constituer »[1]. L'analogie avec la situation du souscripteur est obvie. Ainsi donc, étant donné que de faibles montants seraient éventuellement requis des souscripteurs, ces derniers risquent une inefficacité de leurs actions judiciaires individuelles compte tenu de leurs grands nombres. Plus encore, les tribunaux risquent d'être assaillis d'un pullulement d'affaires frivoles. Ne faudrait-il pas dans cette logique exercer collectivement cette action afin de porter plus d'efficacité à celle-ci ? Un auteur, prenant en compte ces éléments, affirma dans le cadre d'un droit consumériste, l'usage de l'action de

---

[1] CARBONNIER Jean, *Flexible droit, pour une sociologie du droit sans rigueur*, 10e éd., Paris, LGDJ, 2001, p. 74.

groupe[1] introduit en droit français de la consommation par une loi de 2016 à l'article L623-1 du Code de la consommation et inspiré du droit américain[2], mécanisme qui permettrait aux souscripteurs, une action efficace contre le porteur de projet ou la société émettrice en vue de la défense de leurs intérêts. La sanction des fautes lucratives, en plus de cette action, permettra au souscripteur d'avoir une meilleure protection.

Un auteur a cependant considéré que le souscripteur, aussi bien dans le *crowdlending* que dans le *crowdinvesting*, ne constitue pas un consommateur. S'agissant du *crowdlending*, l'argumentation de cet auteur repose sur un raisonnement consistant à déduire de l'article L311-1 du Code de la consommation français qui définit le prêteur comme une personne s'engageant à consentir un crédit dans le cadre de l'exercice de ses activités commerciales ou professionnelles, l'éviction de la qualité consumériste du prêteur dans le cadre du financement participatif, en se basant sur le fait que cette disposition ne viserait pas les activités du prêteur dans le cadre du *crowdlending*[3]. Seulement, il convient de remarquer qu'à supposer que le prêteur soit exclu de l'article L311-1 du Code français de la consommation, sa situation se retrouve dans la définition du consommateur donnée par l'article liminaire du Code de la consommation, car agissant à des fins n'entrant pas dans le

---

1 NETTER Emmanuel, *« le financement participatif », op. cit.*, p. 479 - 508 ; V. également dans cette perspective MOUSSAVOU Jean et BRANELLEC Gurvan, « La problématique du risque dans le financement de projets innovants : une analyse juridique et managériale du crowdfunding base sur le rendement financier », *op. cit.*, p. 232.

2 LAROCHE-GISSEROT Florence, « Les class actions américaines », *Les Petites Affiches*, juin 2005, n° 115, p. 7.

3 V. VABRES Regis, « Le financement participatif : quels outils d'investissement ? Quelle protection des investisseurs ? », *Revue de Jurisprudence Commerciale*, mai / juin 2016, n° 3, p. 6.

cadre de sa profession. De plus, la fourniture du service du crédit par le souscripteur, partie faible n'empêche en rien sa qualité consumériste. Dans cette perspective, certains auteurs ont fait remarquer que « Le droit de la consommation pourrait donc s'appliquer dans le cas où un particulier fournit un bien ou service à un professionnel (…) Il y a bien, en pareil cas, un risque de déséquilibre, même s'il est inversé par rapport au cas général »[1]. De même, le même article L311-1, limite la définition qu'il donne du prêteur à une certaine catégorie de prêts mentionnée au titre Ier du livre III du Code de la consommation parmi lesquels ne figure pas le prêt accordé dans le cadre du *crowdlending*. Ce qui signifie qu'en dehors de ces prêts expressément visés, l'article L311-1 ne saurait être évoqué. Ainsi, l'article liminaire retrouve-t-il application. Finalement, ce qu'il est logique d'affirmer consiste à dire que sur la base de l'article L311 du Code de la consommation, le prêteur dans le *crowdlending*, lequel n'agit pas dans le cadre de son activité professionnelle, ne serait pas un prêteur au sens du droit de la consommation et donc s'il n'est pas un prêteur au sens du droit de la consommation, il ne constitue pas un professionnel. Il ne peut être ainsi qu'un consommateur sauf s'il est une personne morale. S'agissant du *crowdinvesting*, cet auteur affirma que la qualité consumériste du souscripteur, exception faite du droit consumériste numérique, apparaitrait inadaptée à l'investisseur[2]. Seulement, il faut là aussi observer qu'en présence d'une plate-forme mandataire de l'émetteur de

---

1 CALAIS-AULOY Jean et *al.*, *Droit de la consommation*, 10e éd., Paris, Dalloz, 2020, p. 10 ; S'agissant spécifiquement du *crowdlending*, V. SOUCHAUD Antoine, « Deus ex machina dans l'"espace régulatoire" du crédit en France, la reconnaissance du crowdlending face au monopole bancaire », *Anale des Mines*, juin 2017, n° 128, p. 12.

2 VABRES Regis, « Le financement participatif : quels outils d'investissement ? Quelle protection des investisseurs ? » *op. cit.*, p. 6.

titres, des offres seront faites à l'investisseur par le biais de ce mandataire et puisque les offres seront faites par Internet, le souscripteur-investisseur qui serait le plus souvent un profane n'aurait pas les informations nécessaires pour conclure le contrat. L'asymétrie d'information existera ainsi donc. Dans cette perspective, il est nécessaire de faire bénéficier le souscripteur-investisseur des obligations d'informations, de la lutte contre la clause abusive et même du mécanisme de l'action de groupe évoqué. Ainsi, certains auteurs ont-ils dans cette perspective affirmé l'application du droit de la consommation aux investisseurs en bourse. Selon ceux-ci, « la formule du Code de la consommation conduit enfin à considérer comme des consommateurs les personnes physiques faisant des actes de placement à des fins non professionnelles, par exemple des opérations en Bourse »[1]. Ces auteurs se sont également basés sur « la situation de faiblesse » des investisseurs « par rapport aux professionnels avec qui ils contractent »[2]. Aussi, légalement en droit comparé, « l'investisseur qui souscrit via Internet des titres financiers est considéré comme un consommateur de services financiers »[3].

En revanche au sein de notre ordre, la situation est telle qu'il n'existe aucune législation consumériste de base pouvant régir la protection du souscripteur.

2.1.2. Le défaut du droit consumériste de base

Le cadre juridique consumériste commun, étant communautaire, est resté à l'état embryonnaire. Maintes

---

[1] CALAIS-AULOY Jean et *al.*, *Droit de la consommation, op. cit.*, p. 10 s.

[2] *Ibid.*, p. 11.

[3] MOUSSAVOU Jean et BRANELLEC Gurvan, « La problématique du risque dans le financement de projets innovants : une analyse juridique et managériale du crowdfunding base sur le rendement financier », *op. cit.*, p. 232.

raisons justifient cet état de choses. L'échec du projet d'acte uniforme portant sur le contrat de consommation, en constitue la manifestation. Tout commence lorsque le législateur de l'OHADA conçut un avant-projet d'acte uniforme portant sur le droit des contrats. Cet acte incorpore des dispositions régissant la protection consumériste[1]. Ce texte fut inspiré des principes d'« Unidroit » relatif aux contrats de commerce international, « standard international »[2]. Ce projet ne fit toutefois pas l'unanimité des auteurs. Celui-ci, en effet, ne connut pas de succès. L'on fit remarquer le danger de la méthode, de la stratégie adoptée par le législateur ainsi que l'impertinence que présenterait le contenu du projet d'acte uniforme s'agissant des consommateurs[3]. Ainsi, un auteur avança-t-il quelques arguments. Il fit remarquer que « le droit de la consommation est étranger au droit des affaires » ; « le droit de la consommation n'est pas compris dans le domaine couvert par le traité OHADA » ; « le projet d'acte uniforme n'est pas adapté au contexte spécifique du consommateur africain »[4]. Un autre auteur, en effet, afficha un doute sur la légitimité d'un droit OHADA du contrat applicable tant aux contrats commerciaux que civils et releva ensuite la concurrence austère qu'opposait à l'OHADA, les organisations communautaires distinctes dans l'édiction de

---

1 BOUBOU Pierre, « Présentation du projet d'Acte Uniforme relatif au contrat de consommation », in Pougoue Paul-Gerard, *Encyclopédie du droit OHADA*, Lamy, p 117 - 163.

2 *Idem.*

3 TEMPLE Henri, « Quel droit de la consommation pour l'Afrique ? une analyse critique du projet OHADA d'Acte Uniforme sur le droit de la consommation », *Revue Burkinabé de Droit,* 1er et 2e semestres 2003, n° 43 - 44, p. 1 s.

4 *Idem.*

la législation consumériste[1]. Ces controverses ont en effet freiné l'encadrement du droit des contrats et du droit de la consommation.

Sur le plan national, une loi encadrant la concurrence intervint en 1999. Il s'agit de la loi n° 99-011 du 28 décembre 1999 portant organisation de la concurrence au Togo. Cette dernière prévoyait certaines dispositions régissant la protection du consommateur. Cette loi ne définissait pas cependant la notion de consommateur. Elle se bornait simplement à en énumérer quelques dispositions protectrices. Celle-ci qui plutôt, était tournée vers une pondération des intérêts des professionnels de la vente de produits industriels sur le marché, laissait implicitement entendre par consommateur, toute personne acquérant des « produits », sans distinction ni entre l'usage privé ou professionnel auquel se destinent ceux-ci, ni entre caractère physique ou moral de la personne de l'acquéreur. La situation du souscripteur est ainsi exclue de cette loi, attendu qu'aucun contrat de vente de produit industriel ne lierait celui-ci au porteur de projet autant dans le financement participatif par prêt, que dans le financement participatif par achat de titres financiers.

Au-delà de cette inexistence du droit consumériste commun, la monotonie du souscripteur se renforce par l'exclusion dont fait objet celui-ci de la part de la législation spéciale protectrice du consommateur par voie numérique. *A contrario*, le droit commun du contrat qui reste au souscripteur n'offre pas non plus à celui-ci une efficace protection.

---

1 FASSASSI Qowiyo, « La crise de normativité dans la protection du consommateur OHADA », *Revue Horizon du Droit*, novembre 2020, n° 20, p. 55.

2.2. De l'inapplication du droit consumériste spécial a l'inadéquation du droit des contrats

En l'état actuel du droit togolais, il est fort difficile de qualifier au sens du droit numérique, le souscripteur de consommateur aussi bien dans le cadre du financement participatif par prêt que dans celui du financement participatif par achat de titres financiers (2.2.1). Le droit commun également qui reste au souscripteur en cas de défaut des législations spéciales se révèle également pour sa part inadapté (2.2.2).

2.2.1. L'exclusion du souscripteur du droit consumériste numérique

D'emblée, il convient de remarquer ici que la protection des consommateurs des services financiers et bancaires à distance n'existe pas en droit togolais et en droit UMOA[1]. Le droit consumériste à distance existant apparait pour sa part, inadapté.

En effet, au terme de l'article 2 de la loi n° 2017-07 du 22 juin 2017 relative aux transactions électroniques, celle-ci s'applique « (…) aux transactions électroniques et aux services par voie électronique notamment :

-Les services par voie électronique qui donnent lieu à la conclusion de contrats pour se procurer un bien ou une prestation de services, qui fournissent des informations, des publicités ou encore des outils permettant la recherche, l'accès et la récupération de données ou qui consiste à transmettre des données par le biais d'un réseau de communication électronique, à fournir un accès à un tel réseau ou à assurer le stockage des données même lorsque ces services ne sont pas rémunérés par ceux qui la reçoivent (…) ».

---

1 SANOU Dramane, « Le cadre juridique de la protection des consommateurs des services financiers dans l'UMOA », https://www.financialafrik.com/

Par son champ d'application, cette loi intègre les activités de *crowdfunding* pour ce qui est des activités de la plate-forme intermédiaire en ce qu'elle vise la fourniture des informations par voie électronique. Quant à l'article 3 de cette même loi, celui-ci exclut un certain nombre d'opérations parmi lesquelles ne figurent point les potentielles activités que pourrait impliquer le *crowdfunding*. Si donc, cette loi par son champ d'application est susceptible de s'appliquer aux activités de *crowdfunding*, la qualité consumériste du souscripteur ne semble pas acquise.

En effet, le souscripteur qui va financer un porteur de projet ou une société s'y prendra soit en accordant un prêt au porteur de projet, soit en acquérant des titres financiers émis par une société. Or, selon l'article 4 de la loi précitée, « est qualifié de consommateur, toute personne physique ou morale qui bénéficie des prestations de services ou utilise les produits de commerce pour satisfaire ses propres besoins et ceux des personnes à sa charge ». Cependant, dans les deux cas, la loi précitée ne saurait s'appliquer. Le souscripteur ne sera pas consommateur, vis-à-vis ni du porteur de projet ou de l'émetteur ni de la plate-forme intermédiaire.

En effet, le porteur de projet ou l'émetteur conclurait par voie électronique, un contrat avec le souscripteur. Mais à la différence du consommateur, ce contrat ne constitue pas un contrat de prestation de services comme l'indique l'article 4, car il s'agit d'un contrat de prêt d'argent fourni par un particulier[1] et de celui de cession de titres. S'il en était autrement, l'on ferait simplement remarquer que le porteur de projet ou l'émetteur ne bénéficie d'aucune prestation de service puisqu'il rend lui-même le service du

---

[1] Il s'agit alors d'un contrat réel. V. COLLART-DUTILLEUL François et DELEBECQUE Philippe, *Contrats civils et contrats commerciaux*, *op. cit.*, p. 833.

crédit ou achète uniquement des titres financiers. Ensuite, l'expression « produit de commerce » issu de la définition du consommateur se révèle assez-imprécise et semble concerner les produits qui sont dans le commerce. Dans cette hypothèse, les titres d'une société peuvent dans un sens large, constituer un produit de commerce.

Seulement, nous basant cependant sur l'argument de texte, il convient d'affirmer que les textes de cette loi ont été conçus en contemplation du contrat de vente de produits commerciale et non financière. On y rencontre ainsi des termes « commande » ; « fournisseurs de biens ou de services » ; « vendeurs » uniquement[1]. Or, il n'existe de « commande », de « fournisseurs de biens ou de services », de « vendeurs », ni dans le prêt à titre onéreux fourni par un particulier, ni dans la cession de titres financiers. Il existe plus exactement un prêteur et un emprunteur, un émetteur et un investisseur. Aussi, dans le financement participatif par prêt, le souscripteur ne se procure-t-il aucun produit de commerce directement pour ses propres besoins, il agit plutôt dans le dessein de créer des intérêts, lesquels sont d'ailleurs liés aux activités financières non visées par cette loi. Ce qui en exclut l'application. S'agissant de l'investisseur, il en est de même. Ce dernier se procure les titres dans le but d'obtenir la qualité d'actionnaire et d'exercer des droits relatifs à ce statut. Il n'agit nullement dans l'intention de se procurer un bien quelconque pour son usage privé d'autant que les titres d'une société ne constituent pas un bien de consommation susceptible d'un quelconque usage privé comme c'est le cas s'agissant des biens visés par cette loi. En résumé, les intérêts ou les dividendes versés ne servent pas directement

---

[1] V. les articles 4, 26, 29, 42, 44, 48, 49, 50, 51.

un besoin privé du souscripteur, car l'on ne saurait déterminer à l'avance l'utilisation qui en sera faite[1].

S'agissant de la relation du souscripteur avec la plate-forme, les dispositions consuméristes ne peuvent s'appliquer puisqu'il n'existe *a priori* aucun lien contractuel entre celui-ci et le souscripteur. En effet, le consommateur s'oppose toujours à un professionnel dans une relation contractuelle consumériste. Si le souscripteur charge personnellement la plate-forme de rechercher pour son compte des titres ou des emprunteurs, la loi consumériste ne saurait s'appliquer puisque le souscripteur n'agit pas directement dans un but d'utilisation privé d'un quelconque bien, celui-ci cherche en effet, des circonstances favorables dans le but de se faire des bénéfices. Ce qui chasse la qualité de consommateur au sens de cette loi. Les dispositions de cette loi excluent donc le souscripteur dans le cadre du *crowdfunding*.

Il importe cependant de préciser que cette loi précitée ne prévoit que des règles générales applicables à toutes les transactions économiques. Cette dernière doit en effet se conjuguer avec le décret n° 2018-062/PR du 23 mars 2018 portant règlementation des transactions et services électroniques au Togo prévoyant les règles spécifiques aux transactions électroniques, décret qui n'affichent pas non plus une situation favorable à la plate-forme.

Cela étant, quelle protection reste-t-il au souscripteur ?

2.2.2. L'inadéquation des dispositions du droit des contrats

Le souscripteur-prêteur ne peut que se référer au droit commun en l'absence, pour maintes raisons hétérogènes, de législation particulière applicable à sa situation. S'adressant à un public, il faut imaginer que le porteur de projet ou la

[1] Il peut s'agir d'une utilisation pour acquérir un bien professionnel ou un bien privé.

société émettrice proposera un modèle de contrat prérédigé au souscripteur. Le contrat serait alors rédigé par le porteur de projet ou la société émettrice ou éventuellement la plate-forme et requerrait une simple adhésion du souscripteur. Il s'agit d'un contrat d'adhésion. Ce contrat qui, ailleurs, offre une protection pertinente au souscripteur notamment par le jeu l'interdiction des clauses abusives et par celui des mesures d'interprétation favorable à la partie faible, ne fait point acte de présence au sein de notre ordre juridique.

En effet, le législateur n'a pas expressément prévu la notion de « contrat d'adhésion » contrairement au droit français[1]. Ainsi, selon certains auteurs, trois grands critères caractérisent-ils celui-ci : une inégalité économique et sociale, l'offre du contrat adressé à un public en général, la rédaction du contrat exclusivement par l'une des parties[2]. Mais selon l'article 1110 du Code civil français, le contrat d'adhésion « (...) est celui qui comporte un ensemble de clauses non négociables déterminées à l'avance par l'une des parties ». Deux conditions sont plutôt exigées par le législateur français, la non-négociabilité de la clause et sa prédétermination par l'une des parties, d'où il suit que la législation sur le contrat d'adhésion pourrait éventuellement régir la situation du souscripteur-prêteur ou du souscripteur-investisseur d'autant plus que la doctrine française reconnait son application aux contrats conclus par l'intermédiaire d'une plate-forme[3].

En droit français, l'intérêt de distinguer les contrats d'adhésion, c'est la chasse aux clauses déséquilibrant de manière significative les prestations réciproques des

---

1 BLANC Nathalie, « Contrat d'adhésion et déséquilibre significatif après la loi de ratification », *Revue des Contrats*, aout 2018, n° hors-série, p. 20 s.

2 TERRE François et *al.*, *Droit civil : les obligations*, 12e éd., Paris, Dalloz, 2019., p. 295.

3 *Ibid.*, p. 131.

parties[1]. C'est tout aussi la méthode d'interprétation[2]. S'agissant des clauses créant un déséquilibre significatif entre les prestations des parties, celles-ci sont appréciées par le juge dans le cadre de l'interprétation du contrat. Cette appréciation ne saurait porter ni sur la définition de l'objet principal du contrat ni sur la valeur de la prestation[3]. S'agissant de la méthode d'interprétation, les contrats d'adhésion s'interprètent contre celle d'entre les parties qui l'a rédigé[4].

Ainsi, les juges français ne doivent-ils hésiter, à interpréter le contrat contre le porteur de projet dans le cadre du prêt ou contre la société émettrice dans le cadre du *crowdinvesting*, ces derniers étant les rédacteurs exclusifs de celui-ci. L'équité le commanderait en outre[5].

Sauf que notre droit ne connaît pas cette catégorie de contrat d'adhésion, le Code civil applicable au Togo n'ayant pas prévu le contrat d'adhésion. Ainsi, tous ces avantages décrits *supra* pour le souscripteur ne sauraient-ils s'appliquer. D'où il suit que s'agissant de la protection du souscripteur, le droit commun est inadapté.

En sus, il est tout aussi à craindre que le porteur de projet puisse fournir des informations mensongères au souscripteur dans le dessein de susciter l'engagement de cette dernière.

Dans cette hypothèse, les dispositions sont à vrai dire assez-friands de la protection du souscripteur. La distinction

---

1 V. FLOUR Jacques et *al.*, *Les obligations, l'acte juridique*, 13e éd., Sirey, 2008, p. 147 s. ; BLANC Nathalie., « L'équilibre du contrat d'adhésion », *Revue des Contrats*, juin 2019, n° 116b6, p. 155.

2 *Idem.*

3 *Idem.*

4 ETIENNEY-DE SAINTE MARIE Anne, « L'interprétation du contrat d'adhésion », *Revue des Contrats*, juin 2019, n° 116a2, p. 146.

5 TERRE François et *al.*, *Droit civil : les obligations*, *op. cit.*, p. 681.

entre *bonus dolus* et *malus dolus*[1] a dans cette logique, le vent de la protection du souscripteur en poupe. Les juges devront se prononcer sur la délicate question de la frontière entre le bon dol et le mauvais dol[2] afin de distinguer l'information trompeuse frauduleuse. Les manœuvres, mensonges, réticences dolosives consacrés par l'article 1137 du Code civil français rendraient davantage service au souscripteur. Il faut nécessairement évoquer à l'appui d'une possible assimilation de la réticence dolosive et du mensonge au dol par nos tribunaux, le rôle normatif de la jurisprudence. Il est, dans cette perspective, d'une grande évidence que le porteur de projet commettrait un dol s'il fournit une information qualifiée d'inexacte, au souscripteur. Il doit en exister ainsi l'intention de tromper de l'auteur du dol[3].

Toutefois, évoquant comme base le dol, ce serait ainsi au souscripteur d'apporter la preuve du caractère inexacte de l'information[4]. Ce qui pourrait s'avérer dans un premier temps aisé si l'exécution du contrat se révélait non conforme aux informations fournies par le porteur de projet aux souscripteurs. Mais la preuve de l'intention frauduleuse nécessaire pour qualifier le dol pourrait s'avérer rude, surtout en cas de réticence dolosive[5]. Ce qui fait que la situation du souscripteur n'est pas en fin de compte satisfaisante.

En définitive, il convient de remarquer que s'agissant des parties à l'opération du *crowdfunding*, les règles

---

1 TERRE François et *al.*, *Droit civil : les obligations*, *op. cit.*, p. 337.

2 V. CASIMIR Etienne, « Le dolus bonus, une notion à réhabiliter », *Revue des Contrats*, mars 2017, n° 113z1, p. 159.

3 GUERLIN Gaetan, « Le dol implique toujours la malhonnêteté », *L'Essentiel Droit des Contrats*, mai 2016, n° 5, p. 5.

4 TERRE François et *al.*, *Droit civil : les obligations*, *op. cit.*, p. 346.

5 *Ibid.*, p. 340.

actuelles apparaissent inadaptées. Cette inadaptation touche également les plates-formes intermédiaires.

CHAPITRE 2.

UNE INADAPTATION DES REGLES AUX PLATES – FORMES

Certains détracteurs du *crowdfunding* ont excipé une hostilité du droit bancaire, puis du droit financier à la légalité de la situation des plates-formes[1]. Ainsi, ne faut-il guère discréditer l'affirmation d'une inadaptation, fief de la situation juridique des plates-formes. D'ailleurs cette notion de plate-forme, qui n'a pour l'instant de statut propre au sein de notre ordre juridique, s'en est trouvée en droit français[2]. Il faut en amont affirmer la potentielle utilisation de ce mode de financement par le biais des plates-formes, à des fins de blanchiment de capitaux et de financement de terrorisme[3]. Toutes ces précisions faites, il faut observer que principalement l'inadaptation qui enraye la réalisation de l'opération touche en premier lieu la plate-forme dans le cadre du financement participatif par prêt (1). En second lieu, les règles applicables à la plate-forme dans le financement participatif par achat de titres sont également inadaptées (2). C'est dire donc que le statut actuel de la plate-forme n'est pas adapté. Il est vrai que la nouvelle loi-cadre portant règlementation bancaire adoptée en juin 2023

---

1 AMF et ACPR, « Guide du financement participatif (crowdfunding) à destination des plates-formes et des porteurs de projet », https://www.amf-france.org/

2 DELPECH Xavier, « Quel droit pour les plates-formes numériques », https://www.actu.dalloz-étudiant.fr/

3 LEFEBVRE Jean, *Le droit du financement participatif (Crowdfunding)*, *op. cit.*, p.10.

désigne les plates-formes de financement participatif. Seulement, il convient de remarquer que l'ensemble du régime juridique des acteurs, en particulier celle des plates-formes, n'est guère prévue si bien qu'il serait pour l'heure difficile pour une plate-forme solitaire de procéder à l'opération sans heurter l'ancienne législation, toujours présent substantiellement[1]. Ainsi, les développements qui suivront se pencheront sur ce droit substantiel qui pour l'essentiel a toujours force d'application[2].

1. Une inadaptation touchant la plate-forme de *crowdlending*

L'inadaptation des règles applicables dans le cadre du *crowdlending* se traduit par l'hostilité affichée par ces règles à l'égard de la situation de la plate-forme (1.1). Par conséquent, c'est le *crowdlending* dans son ensemble qui en pâtit, ce qui entraine dans une certaine mesure la dénaturation de l'opération ainsi que la mise en jeu de sanctions pénales assez dissuasives à l'exercice illégal de celle-ci (1.2).

1.1. Une violation du monopole bancaire

Le monopole bancaire désigne l'interdiction faite aux personnes autres que les banques d'exercer les opérations de banque[3]. Ce monopole qui intègre les opérations de crédit entraine, sous ses ailes, les activités d'intermédiation

---

[1] Il convient de remarquer que bien souvent, il faut que des règles viennent préciser les conditions d'accès à cette profession. Faute d'intervention de ces règles, les potentielles plates-formes s'exposeront nécessairement pour la plupart à la rigueur de l'ancien droit.

[2] D'autre part, il convient de remarquer dans l'hypothèse de l'intervention de ces règles que la connaissance de l'ancien droit sur la situation de la plate-forme permet nécessairement de mesurer la portée des reformes du législateur.

[3] BONNEAU Thierry, *Droit bancaire,* 14e éd., LGDJ, 2021, p. 205 s.

en opérations de banque et en services de paiement[1]. Ainsi, de l'encadrement juridique des opérations de crédit (1.1.1) à celui de l'intermédiation en droit bancaire (1.1.2), l'hostilité des règles à situation de la plate-forme est-elle indéniable.

1.1.1. L'hostilité des règles régissant les opérations de crédit

Aux termes de l'article 6 de la loi portant règlementation bancaire, « constitue une opération de crédit, pour l'application de la présente loi, tout acte par lequel une personne, agissant à titre onéreux :
1) met ou promet de mettre des fonds à la disposition d'une autre personne ;
2) prend, dans l'intérêt de celle-ci, un engagement par signature tel qu'un aval, un cautionnement ou une garantie ;
Sont assimilés à des opérations de crédit, le crédit-bail et, de manière générale, toute opération de location assortie d'une option d'achat»[2].

De prime abord, il est convenable d'observer que cette disposition ne régit aucunement la situation de la plate-forme. En effet, la plate-forme intermédiaire dans le financement participatif par prêt, ne promet aucune somme au souscripteur, pas plus qu'elle ne la met à sa disposition, étant donné que le crédit est accordé non par la plate-forme, mais par le souscripteur. Aussi, celle-là, ne s'engage-t-elle dans le dessein de cautionner le souscripteur, de l'avaliser ou de garantir un engagement quelconque de celui-ci,

---

1 VILLEMONTEIX Marianne, *Fiches de droit* bancaire, coll. Fiche, Ellipses, 2019, p.16 s. ; BONNEAU Thierry, *Droit bancaire*, *op. cit*., p. 205 s.

2 BCEAO, *Recueil des textes légaux et règlementaires régissant l'activité bancaire et financière dans l'Union Monétaire Ouest Africaine*, vol. 1, éd. 2018, Dakar, BCEAO, 2018, p. I -74.

puisque celle-ci ne constitue qu'un simple intermédiaire à l'opération chargé de rapprocher les parties ou de conclure le contrat en lieu et place d'une partie. Le contrat de crédit n'étant pas non plus un contrat de crédit-bail, il n'y a pas lieu d'évoquer cette dernière dans le cadre de financement participatif par prêt à titre onéreux. La plate-forme qui exerce ainsi son activité ne transgresse point l'article 6 de la loi précitée dans un premier temps.

Cependant, certaines institutions étrangères ont adopté un raisonnement totalement différent conduisant à une conclusion située aux antipodes de la précédente. Ainsi, en est-il de l'AMF et de l'ACPR en France.

En effet, selon celles-ci, si la plate-forme n'effectue guère d'opérations de crédit, il en va autrement pour le souscripteur-prêteur. Ce dernier, en effet, consentirait au porteur de projet, des crédits. Or, il existe un monopole attaché à l'activité bancaire, en l'occurrence aux opérations de crédit. Nul ne saurait ainsi exercer une opération de crédit si ce n'est un établissement de crédit. D'où il suit que le souscripteur-prêteur qui tomberait sous le coup de la règlementation des opérations de crédit, entrainerait la plate-forme qui en deviendrait pénalement son complice. Cependant, l'octroi d'un seul crédit, serait-il constitutif de la violation du monopole bancaire ? Clarifiant cette question, l'AMF et l'ACPR affirmèrent que la qualification d'opérations de crédit supposerait l'existence d'un prêt consenti à titre onéreux et revêtant un caractère habituel[1].

En d'autres termes, le raisonnement de ces deux autorités, consiste à dire que « puisque les opérations de banque relèvent du monopole bancaire, il est interdit à toute

---

1 AMF et ACPR, « Guide du financement participatif (crowdfunding) à destination des plates-formes et des porteurs de projet », *op. cit.* ; BLAISE Jean-Bernard, *Droit des affaires*, 2e éd., LGDJ, 2000, p. 88 ; LEFEBVRE Jean, *Le droit du financement participatif (Crowdfunding)*, *op. cit.*, p. 21.

personne autre qu'un établissement de crédit d'octroyer des prêts à titre onéreux. (…) Le cas échéant, une plate-forme de *crowdfunding* pourrait donc être poursuivie au titre de la complicité de l'exercice illégal de la profession de banquier »[1]. Ce raisonnement peut trouver terreau favorable au sein de notre ordre juridique, étant donné que le monopole bancaire ainsi que le délit d'exercice illégal de la profession de banquier existent également.

La probabilité pour les souscripteurs de violer le monopole bancaire est à vrai dire non minime. Car, il y aurait certainement dans ce nombre pléthorique de prêteurs, quelques-uns accordant plusieurs fois un prêt quoiqu'il soit permis de s'interroger sur la manière dont procèderont ces autorités pour prouver cette complicité, étant donné que le délit doit être recherché au niveau non des plates-formes, mais des internautes.

Ainsi, la plate-forme violerait nécessairement le monopole bancaire si le législateur financier ne précise pas les conditions d'agrément de sa situation, puisque dans ce cas, l'article 6 de la loi-cadre portant règlementation bancaire dans son avatar contemporain retrouverait application, faute à la législation spéciale prévoyant la dérogation aux plates-formes de pouvoir d'appliquer.

Poursuivant, observons que l'hostilité des dispositions du droit bancaire à l'égard de la plate-forme ne se limite pas aux règles encadrant les opérations de crédit. Ainsi, à celles-ci, vient s'ajouter l'hostilité des dispositions qui régissent l'intermédiation en opérations de crédit.

1.1.2. L'hostilité des règles régissant l'intermédiation en opérations de banque

Les règles régissant l'intermédiation en droit bancaire sont hostiles à la situation de la plate-forme. En France par

---

[1] AMF et ACPR, « Guide du financement participatif (crowdfunding) à destination des plates-formes et des porteurs de projet », *op. cit.*

exemple, l'AMF et l'ACPR avancèrent déjà des arguments à la faveur d'un exercice potentiel par les plates-formes de prêt de l'activité d'intermédiaire en opérations de banque et en services de paiement. Après avoir précisé le sens de cette activité, laquelle consiste à « présenter, proposer ou aider à la conclusion des opérations de banque ou de services de paiement, ou à effectuer tous travaux et conseils préparatoires à leur réalisation »[1], les deux autorités affirmèrent qu'une plate-forme Internet de *crowdfunding* revêtirait la qualité d'intermédiaire en opérations de banque et en services de paiement dès lors que celle-ci dirigerait ces clients, en l'occurrence les personnes qui désirent prêter vers une banque, auprès de laquelle ces clients effectueront des dépôts ayant vocation à être utilisés dans l'octroi de crédits. La plate-forme ne doit avoir, selon celles-ci, ni un rôle quelconque en matière de réception ou de gestion des dépôts ni un pouvoir de décision en matière d'octroi des crédits.

Au sein de notre ordre juridique, ce même raisonnement peut prospérer. Selon l'article 2 de l'instruction de la BCEAO n° 015-12/2010/RB du 13 décembre 2010 fixant les conditions d'exercice des activités d'intermédiaire en opérations de banque, « au sens de l'article 105 de la loi uniforme portant règlementation bancaire, sont considérées comme intermédiaires en opérations de banque, les personnes physiques ou morales autres que les établissements de crédit qui, à titre habituel, comme activité principale ou accessoire, mettent en rapport des parties, en vue de la conclusion d'une opération de banque, sans se porter ducroire ». L'alinéa 2 de ce même article précise que « L'activité d'intermédiaire en opérations de banque ne peut s'exercer qu'entre deux personnes dont l'une au moins

---

[1] AMF et ACPR, « Guide du financement participatif (crowdfunding) à destination des plates-formes et des porteurs de projet », *op. cit.*

est un établissement de crédit (…) ». Ce qui parfaitement est logique et constitue un acte du législateur qui souhaite rappeler l'omniprésence du monopole bancaire. Les services d'intermédiation en opérations de banque y sont en quelque sorte liés. Prenant appui sur ces dispositions, il sied d'affirmer que, dans l'hypothèse où la plate-forme venait à diriger ses clients, des prêteurs ou des emprunteurs, vers des personnes autres que les établissements de crédit, la foule notamment[1], celle-ci exercerait illégalement la profession d'intermédiaire en services de paiement au sens de l'article 2 de l'instruction précitée. Puisque les opérations de crédit constituent une opération de banque et que cette activité qui doit obligatoirement intégrer une banque au sens de l'alinéa 2 précité, relègue cette dernière aux oubliettes.

Les perspectives de direction des clients vers les établissements de crédit sont à vrai dire minimes, puisque le financement participatif étant dès l'origine destiné à assurer le financement de projets rejetés ou non finançables par la finance traditionnelle, en l'occurrence les banques, par la foule, il est logique d'augurer que la plupart des prêts soient octroyés par la foule au lieu de ces mêmes banques. Ce qui serait finalement constitutif de l'exercice illégal de la profession d'intermédiaire en opérations de banque.

Finalement, si la plate-forme dirige ces clients vers la foule, celle-ci violerait le monopole bancaire et la profession d'intermédiaire en opérations de banque. Si *a contrario* cette dernière dirige ces clients vers les banques, celle-ci doit requérir les autorisations nécessaires dans le but de ne pas exercer illégalement la profession d'intermédiaire en opération de crédit. Mais dans cette dernière perspective, l'opération se trouverait dénaturée.

---

[1] Dans le cas inverse c'est-à-dire vers les établissements de crédit, encore faudrait-il que la plate-forme obtienne l'autorisation requise pour ne pas violer la loi.

Dans cette logique, il convient d'observer qu'en l'état actuel de notre droit, la plate-forme ne peut donc réaliser cette opération de manière légale en se départissant des banques, puisque, risquant une condamnation pour complicité du délit d'exercice illégal de la profession de banquier ainsi que du délit d'exercice illégal de la profession d'intermédiaire en opérations de banque dès lors que l'autorisation nécessaire ne serait pas obtenue. Il ressort ainsi de la loi comme conséquence que la plate-forme aura le choix entre ne pas du tout exercer cette activité ou intégrer une banque dans l'opération éventuellement en se superposant à cette dite banque ou en requérant un agrément en tant qu'elle dans la perspective de contourner ces infractions.

Dans cette dernière perspective et suivant le schéma établi par les deux autorités de régulation évoquées *supra*, il y'aurait dénaturation de l'opération, laquelle ne serait qu'un *crowdfunding* façonné à l'image des banques[1]. Aussi, des sanctions pénales assez dissuasives s'appliqueront-elles en cas de violation des divers monopoles. La loi n'offre pas ainsi une solution satisfaisante à la violation du monopole bancaire par la plate-forme.

1.2. Une impertinence des solutions légales à la violation du monopole bancaire

L'unique alternative qui ressort ainsi des dispositions légales s'agissant du monopole bancaire, c'est soit la demande d'un agrément en tant que banque, soit l'arrimage de la plate-forme à un établissement de crédit[2], ce qui fut affirmé *supra*. Toutefois, analysant ces diligences légales

---

[1] En France par exemple, les professionnels du financement participatif avaient alerté les autorités sur cet aspect. V. NETTER Emmanuel, « le financement participatif», *op. cit.*, p. 479 - 508.

[2] Auquel cas la plate-forme pourrait demander un agrément en tant qu'intermédiaire en opérations de banque.

par rapport à la situation de la plate-forme, l'on se rend vite compte que celles-ci dénaturent l'opération de *crowdfunding* (1.2.1). Or, les plates-formes qui ne voudront guère procéder à une opération dénaturée et désavantageuse s'exposeront aux sanctions du législateur bancaire (1.2.2).

1.2.1. La dénaturation de l'opération par les solutions du droit bancaire

Pour ne surtout pas se rendre complices de violation du monopole bancaire, pour ne pas risquer non plus d'être accusées de violation des règles régissant l'intermédiation bancaire comme relevé *supra*, les plates-formes doivent requérir un agrément ou une autorisation conformément aux dispositions bancaires. Dans cette perspective, les banques existantes qui se lancent dans les activités d'intermédiation en financement participatif en se constituant plate-forme et dont les situations sont semblables aux plates-formes nouvelles arrimées à une banque sur la base d'une relation d'affaires, c'est-à-dire celles qui dirigent leurs clients vers des banques aux termes de l'AMF et de l'ACPR, peuvent procéder à la réalisation légale de l'opération si elles obtiennent l'agrément ou l'autorisation nécessaire.

Ainsi, la plate-forme-banque ou celle assistée de la banque ne pourrait-elle procéder que *via* le montage décrit par l'AMF consistant à recueillir dans un premier temps les fonds auprès des souscripteurs comme épargne, pour ensuite les restituer aux porteurs de projets. Toutefois, ce montage aura-t-il l'inconvénient de mettre à la charge de la banque, l'obligation de remboursement des sommes aux prêteurs puisque celle-ci aurait recueilli les fonds dans le cadre d'un contrat de dépôt alors même que dans le fonctionnement du financement participatif, c'est non l'intermédiaire qui octroie les prêts, mais les souscripteurs.

L'on serait alors en présence d'un système intermédié alors que le *crowdfunding* postule à la désintermédiation.

Mais également, dans cette perspective, libre cours est ainsi donné aux banques pour insérer des techniques classiques liées au système financier classique. Ce serait dénaturer l'opération de *crowdfunding* et en édulcorer l'intérêt, en ce que les banques se retrouveront maitre de l'opération. C'est ce qu'a affirmé un auteur. Pour celui-ci, le vrai risque est que les établissements de crédit adoptent un « faux-nez de plate-forme de financement participatif sans enthousiasme excessif, pour contrôler et faire végéter un secteur susceptible de concurrencer leurs activités traditionnelles ; au mieux, qu'elles jouent le jeu du financement participatif, mais y importent des conceptions et des méthodes de travail classiques qui en limiteraient la nouveauté et la créativité, donc le potentiel »[1].

Dans cette perspective, il est de nouveau à craindre que les banques sélectionnent et présentent au public des projets conformes à leurs intérêts. Les microentreprises, dont la rentabilité des opérations n'est pas conséquente, ne séduiront guère ces banques, étant acquis que ces dernières n'auront tendance qu'à financer des projets intéressants pour leur compte, alors même que le financement participatif est un moyen permettant le financement des activités délaissées par les banques.

Quant à la plate-forme procédant par voie unitaire c'est-à-dire celle qui n'est à aucun moment associée à une banque, son agrément en tant que banque fera peser sur elle des contraintes non seulement en termes de capital social qui s'élève à 10 milliards de FCFA, mais aussi en termes de règlementation prudentielle. Ainsi, la forme juridique la plus susceptible que celle-ci revête est-elle celle

[1] NETTER Emmanuel, « le financement participatif », *op. cit.*, p. 479 - 508.

de « système financier décentralisé ». Selon l'article 4 de la loi portant règlementation des systèmes financiers décentralisés, les systèmes financiers décentralisés peuvent réaliser des opérations de collette de dépôt, des opérations de prêt. Ces établissements peuvent ainsi collecter des sommes auprès de leurs membres et de leurs clients et peuvent également consentir à ces mêmes personnes des prêts. Il serait alors possible d'exercer le financement participatif par prêt par le biais de ces établissements en suivant le schéma décrit *supra* pour les plates-formes-banque.

Il faudrait dans ce contexte que la plate-forme solitaire puisse s'enquérir des obligations légales requises au revêtement de ce statut. Toutefois, fonctionnant sur le montage décrit par l'AMF et l'ACPR, l'établissement serait-il responsable à l'égard des souscripteurs-prêteurs du paiement de leurs mises. D'où il résulte également une dénaturation de l'opération.

En définitive, il convient de remarquer que la plate-forme opèrera en étant responsable du remboursement, situation non pertinente au fonctionnement du *crowdfunding* où l'intermédiaire n'intervient que pour rapprocher les parties à l'opération. Il en résulte que la règlementation n'est alors pas adaptée à la situation de la plate-forme de prêt.

Voulant ainsi donc échapper à cette obligation de remboursement, la plate-forme pourrait se soustraire à ces exigences légales. C'est cependant sous peine de s'attirer toute une classe de sanction.

1.2.2. L'existence de sanctions pénales à l'exercice illégal de l'opération

La violation du monopole bancaire entraine l'application des sanctions prévues à cet effet par le législateur bancaire. Au terme de l'article 67 de la loi portant règlementation bancaire, « Sera puni d'un emprisonnement d'un (1) mois à deux (2) ans et d'une amende de dix millions (10.000.000) à cent millions (100.000.000) de francs CFA, ou de l'une de ces deux peines seulement, quiconque, agissant pour son compte ou celui d'un tiers, aura contrevenu aux dispositions des articles 13 (...) ». Selon l'article 13 de la même loi, « Nul ne peut, sans avoir été préalablement agréé et inscrit sur la liste des banques ou sur celle des établissements financiers à caractère bancaire, exercer l'activité définie à l'article 2, ni se prévaloir de la qualité de banque, de banquier ou d'établissement financier à caractère bancaire, ni créer l'apparence de cette qualité, notamment par l'emploi de termes tels que banque, banquier, bancaire ou établissement financier dans sa dénomination sociale, son nom commercial, sa publicité ou, d'une manière quelconque, dans son activité ». Ainsi, une question apparait-elle. Qui sanctionner ? Les plates-formes ? Les dirigeants de celles-ci ? En effet, il convient dès lors d'émettre une distinction entre l'opération réalisée par une plate-forme n'ayant aucune existence légale et celle réalisée par une personne morale non habilitée.

Si l'opération est réalisée par une plate-forme non immatriculée en tant que société, cette dernière n'a ainsi pas d'existence légale, par conséquent de personnalité morale. Dans cette perspective, ce sera non la plate-forme qui contreviendrait à la loi, mais les initiateurs de l'opération. De la sorte, ce serait à ceux-ci que la loi pénale devra s'appliquer. Ainsi, risqueront-ils la peine d'emprisonnement en plus de l'amende décrite *supra*. Cependant, si cette opération est réalisée pour le compte d'une société existante, la peine d'emprisonnement n'étant pas applicable aux personnes morales, seule l'amende serait due. Néanmoins, rien ne s'opposerait à ce que soit mise sur la tête des dirigeants une accusation de complicité, afin que des poursuites soient enclenchées à leur encontre. Aux

termes de l'article 48 du Code pénal togolais, « Sont considérés comme complices de l'infraction ceux qui, sciemment, ont :
1) donné des renseignements ou instructions pour la commettre ou provoqué à sa réalisation en usant de dons, promesses, menaces, abus d'autorité ou de pouvoir, machination ou artifices coupables ;
2) procuré des instruments, armes, véhicules ou tout autre moyen utile à la préparation, la consommation de l'infraction ou pour favoriser l'impunité de ses auteurs ;
3) aidé ou assisté en connaissance de cause, directement ou indirectement, les auteurs ou coauteurs de l'infraction dans les faits qui l'ont préparée, facilitée ou consommée ». Dans cette perspective, il faut remarquer que dans une certaine logique, le fait de pouvoir agir dans le nom ou pour le compte de la personne morale constitue une aide ou une assistance apportée à celle-ci en connaissance de cause. Et comme, la complicité est punissable comme le fait principal aux termes de l'article 51 du Code pénal, ceux-ci devront également verser les amendes précitées et même risquer une peine d'emprisonnement. En outre, un préjudice causé par la plate-forme à toute personne, rendrait légitime une action en responsabilité civile.

En prime, les dispositions sanctionnatrices de la règlementation des systèmes financiers décentralisés sont susceptibles de s'appliquer également si la plate-forme crée une situation apparente de qualité de système financier décentralisé sans posséder l'agrément requis à cet effet aux termes de l'article 76 de la loi portant règlementation des systèmes financiers décentralisés

En résumé, l'exercice des activités d'intermédiaire en opérations de *crowdfunding* est soumis soit à l'implication d'un établissement de crédit dans l'opération, soit à l'obtention d'un agrément dans la logique de faire échec à la violation du monopole bancaire et sous peine de s'exposer non seulement à des sanctions pécuniaires assez-conséquentes, mais également à des sanctions pénales. A la suite, il convient de remarquer que la situation de la plate-forme dans le cadre du financement participatif par achat de titres heurte également les dispositions du droit financier.

2. Une inadaptation touchant la plate-forme de *crowdinvesting*

Certaines activités dont quelques-unes, encadrées par le droit financier, relèvent d'un monopole distinct de celui des banques. Il en est question dans cette présente section. Il s'agit essentiellement du monopole des acteurs intervenant sur le marché financier régional prévu notamment aux articles 28, 37 du Règlement Général relatif à l'organisation, au fonctionnement et au contrôle du marché financier régional de l'UMOA. Seulement, ce monopole ne heurte pas à vrai dire la situation de la plate-forme, d'où résulte l'inapplication que fait montre celui-ci (2.1). Toutefois, les dispositions régissant l'intermédiation financière s'opposent-elles dans ce type de *crowdfunding* à l'activité de la plate-forme, ce qui montre le retard affiché par la législation sur les mécanismes de financement au sein de notre ordre (2.2).

2.1. Une inapplication des règles d'intermédiation régissant le marché financier régional

Pour bien cerner cette affirmation, il est essentiel de présenter de manière brève une vue panoramique des intervenants commerciaux sur le marché financier (2.1.1) avant d'aborder l'étude de la position de la plate-forme par rapport aux règles encadrant ces intervenants commerciaux (2.1.2).

2.1.1. Les intervenants commerciaux sur le marché financier régional

Il convient préalablement de fixer une vue d'ensemble sur l'architecture du marché financier régional avant d'approfondir la situation de la plate-forme de *crowdinvesting* par rapport au statut des intervenants commerciaux. L'organisation, le fonctionnement et le contrôle du marché financier régional sont fixés par le Règlement Général relatif à l'organisation, au fonctionnement et au contrôle du marché financier régional pris en conseil des ministres de l'UMOA. Le marché financier régional constitue un marché règlementé dont l'organisation, sans préjudice des règles d'organisation de base fixées par le Règlement Général, est assurée à une strate inférieure par la BRVM qui constitue l'entreprise de marché selon les articles 12, 16 et 17 dudit Règlement ainsi que l'article 18 de l'Annexe portant composition, organisation, fonctionnement et attributions du Conseil Régional de l'Epargne Publique et des Marchés Financiers. A côté de l'entreprise de marché, intervient le Dépositaire central/Banque de livraison, SA assurant l'exécution du paiement et de la livraison des instruments financiers selon l'article 20 du Règlement Général. C'est surtout sur les intervenants commerciaux qu'il convient de nous appesantir.

Il s'agit des sociétés de gestion et d'intermédiation (SGI) ; de sociétés de gestion de patrimoine (SGP) ; les conseils en investissement boursier ; les démarcheurs et les apporteurs d'affaires. Eu égard au fonctionnement du *crowdinvesting*, la plate-forme s'entremettant dans la cession de titres pourrait potentiellement, entrer en collision avec le statut des SGI prévu à l'article 37 du Règlement ce statut étant en quelque sorte un entremetteur. Ces intervenants interviennent sur le marché afin d'assurer des services déterminés aux investisseurs.

Les SGI sont habilitées à exercer des activités de négociateur-compensateurs de valeurs mobilières cotées pour le compte d'un tiers selon l'article 37 du Règlement. Soustraites à la règlementation bancaire par l'article 26 du Règlement, elles sont habilitées par l'article 37 du même Règlement à recevoir les fonds du public et à détenir ces fonds dans le cadre de cette activité. La loi réaffirme le caractère incontournable de celles-ci dans la cession de titres sur le marché financier, mais le bémolise toute fois à l'article 39. Les SGI bénéficient aussi du monopole, toutefois également atténué d'exercice de l'activité de teneur de compte de valeurs mobilières prévue à l'article 37. Les SGI peuvent également exercer une activité de gestion financière de titres au profit de leurs clientèles selon l'article 38.

S'agissant des SGP, celles-ci sont habilitées par l'article 57 du Règlement à effectuer de manière discrétionnaire l'activité de gestion de titres appartenant à leurs clients sur la base d'une relation de mandat. Cette activité peut être également réalisée à titre connexe par les SGI selon l'article 59.

Les conseils en investissements boursiers sont définis à l'article 93 du Règlement comme des « personnes physiques et morales qui exercent les activités de conseil en investissements boursiers » et qui « orientent les choix de leurs clients sans se substituer à eux quant à leurs décisions finales ». L'accès à cette profession est soumis à une l'obtention d'une habilitation auprès du CREPMF selon l'article 95 du Règlement. Aux termes de l'article 96, les banques et les SGI peuvent exercer cette activité.

Pour ce qui est des démarcheurs, il s'agit selon l'article 101 de personnes conseillant à leurs domiciles, résidences, lieux de travail ou tout lieu non réservé aux activités de démarchages, des personnes, soit sur l'achat, la vente, l'échange de valeurs mobilières, soit sur la participation à des opérations sur ces valeurs. Selon l'article 155 du Règlement, il pourrait s'agir de personnes physiques, mais également de personnes morales. De même, la loi énumère-t-elle une classe de personnes susceptibles d'effectuer les activités de démarchage à l'article 155 du Règlement.

Concernant les apporteurs d'affaires, ceux-ci sont des personnes physiques ou morales, mettant des clients en relation avec les SGI et les SGP pour un certain nombre d'opérations selon l'article 90. Selon l'article 91 *in fine*, les établissements bancaires sont autorisés à exercer cette activité.

A la suite de ces développements, une interrogation émerge concernant la position de la plate-forme en rapport aux statuts légaux décrit en amont. C'est ce qu'il convient à présent d'analyser.

2.1.2. L'inapplication des règles du marché financier régional

Il convient en effet d'observer que la situation de la plate-forme vis-à-vis des règles encadrant ces intermédiaires se retrouve non inféodée.

Dans un premier temps, pour ce qui est des SGI, la loi ne définit pas expressément les activités que ces dernières sont habilitées à accomplir. En d'autres termes, que signifie l'expression « négociateur-compensateur » ? Il apparait nécessaire de recourir au droit comparé, en l'occurrence le droit français pour circonscrire le périmètre et le contenu de cette notion puisque les activités de compensation et de négociation des ordres, existent tout autant, au sein des marchés financiers de règlementation française, qu'au sein du marché financer régional.

Pour ce qui est de la négociation des ordres de bourse, celle-ci consiste en l'action de conclure une opération sur un marché en rapprochant une offre et une demande[1]. S'agissant des ordres, ceux-ci peuvent être définis comme « une instruction donnée par un client à son intermédiaire financier afin que celui-ci procède pour son compte à l'achat ou à la vente d'instruments financiers »[2]. Il est à retenir que sur le marché financier régional, les SGI interviennent prioritairement pour exécuter les ordres donnés par leurs clients, pour le compte de ceux-ci. La SGI est liée en outre, à son client soit par un contrat de mandat, soit par un contrat de commission[3], puisque celle-ci exécute des ordres pour son compte selon le règlement General. S'agissant de la compensation, il s'agit d'un mécanisme permettant une simplification du règlement des opérations en évitant les règlements deux à deux[4]. L'activité de la plate-forme de *crowdinvesting* entre en collision avec celle de négociateur des ordres, puisque la plate-forme à travers son site Internet recherche de potentiels investisseurs pour le compte des sociétés émettrices et inversement, tout en concluant le contrat pour le compte son mandant. Elle rapproche dans ce cas, par le biais des ordres que lui adresse le porteur de projet, l'émetteur ou le souscripteur, l'offre de la demande, caractéristique de la négociation[5]. La seule difficulté, c'est que la plate-forme de *crowdinvesting* ne négocie pas des valeurs mobilières cotées. Et puisque le monopole des SGI ne concerne que la négociation et la compensation de valeurs mobilières cotées, la situation de

---

1 AUCKENTHALER Franck., *Droit des marchés de capitaux*, coll. « Droit des affaires », Paris, LGDJ, 2004, p. 344.

2 RUET Laurent, « ordre de bourse, définition et typologie », in Dictionnaire Joly Bourse et produit financiers, 1990, p. 1 - 58.

3 COURET Alain et *al.*, *Droit financier, op. cit.*, p. 79.

4 ROUSSILLE Myriam, *La compensation multilatérale*, coll. « Nouvelle bibliothèque des thèses », Paris, Dalloz, 2006, p. 2.

5 COURET Alain et *al.*, *Droit financier*, *op. cit.*, p. 79.

la plate-forme ne contrevient pas ainsi au monopole des SGI.

Concernant les activités de démarchage, la loi ne vise que les valeurs mobilières, ce qui permet de déduire que cette activité pourrait être exercée sur des valeurs mobilières non cotées. Sauf que, l'argument *a rubrica* découlant du sous-titre Ier du titre III du Règlement Général intitulé « Les acteurs du marché financier régional », semble *a contrario* réduire cette profession au seul marché financier régional. Il en est de même de l'activité d'apporteur d'affaires.

En résumé, concernant les SGI, c'est l'objet de leurs activités que constituent les valeurs mobilières cotées lequel détermine l'étendue de leurs activités, qui fige leurs monopoles exclusivement sur le marché financier. Pour ce qui concerne les démarcheurs et les apporteurs d'affaires, l'objet n'est pas expressément limité certes, mais étant donné que le sous-titre Ier du titre III du Règlement Général précité limite l'exercice de ces activités aux marchés financiers alors que le marché financier ne concerne que les valeurs mobilières cotées, la plate-forme qui s'entremettrait dans l'émission de titres financiers sur un marché non règlementé, par exemple le marché du *crowdfunding*, ne violerait pas les dispositions encadrant ses professions, vu que ce ne sont pas des valeurs mobilières cotées qui sont émises.

A la fin, la plate-forme ne transgresserait la loi que lorsqu'elle traiterait soit avec une société non habilitée à émettre des valeurs mobilières, soit avec une société n'ayant pas observé les dispositions encadrant l'appel public à l'épargne.

Les règles encadrant le marché financier peinent à s'appliquer à la plate-forme dans le *crowdinvesting*. Cependant, la prise de participations dans les sociétés existantes est pour partie règlementée par la loi. La situation de la plate-forme contrevient ainsi à cette dernière.

2.2. Une hostilité des règles régissant l'intermédiation financière

Plutôt que de violer les textes régissant le marché financier régional, la situation de la plate-forme contrevient aux dispositions encadrant les services d'intermédiation financière (2.2.1). Ce qui entraine cependant une décrépitude de l'encadrement des mécanismes de financement au sein de notre ordre juridique (2.2.2).

2.2.1. L'exercice illégal de la profession d'intermédiation financière

L'article 9 de la loi-cadre portant règlementation bancaire permet aux banques d'exercer certaines opérations parmi lesquelles figurent les opérations de prise de participations au sein des sociétés. La banque peut également se constituer intermédiaire en ces opérations et ainsi les exercer selon l'article 9 *in fine* de la loi portant règlementation bancaire, en tant que courtier, commissionnaire, ou autre statut convenable. Il s'agit de l'activité d'intermédiaire financier. L'article 9 cite les opérations de « placement, à savoir les prises de participation dans des entreprises existantes ou en formation et toutes acquisitions de valeurs mobilières émises par des personnes publiques ou privées » ainsi que les « opérations de conseil et d'assistance en matière de gestion financière, gestion de patrimoine, gestion et placement de valeurs mobilières et produits financiers, opérations d'ingénierie financière et, de manière générale, toutes opérations destinées à faciliter la création et le développement des entreprises, notamment la recherche de financements et de partenaires ». Cette situation correspond à celle de la plate-forme qui s'entremet dans la prise de participation dans une société émettrice. En effet, il faut observer que selon l'article 9, « sous réserve, le cas échéant, du respect des autorisations et autres dispositions législatives et règlementaires spécifiques, relatives à l'exercice de certaines activités ou professions (…) ». Ce qui signifie que les banques peuvent exercer ces opérations même si elles sont soumises à un monopole ou à une autorisation[1]. S'agissant précisément des opérations d'intermédiation en placement de valeurs mobilières et produits financiers, hormis le monopole des intermédiaires sur le marché financier régional ainsi donc, les banques sont les seules autorisées à procéder à ces opérations surtout que l'article 9 ne précise nullement que ces opérations doivent être réalisées uniquement sur un marché règlementé et que l'activité d'intermédiation dans la prise de participation hors du marché financier régional dans les entreprises existantes ou en formation n'est aucunement autorisée par un texte à d'autres personnes hormis les banques. Ainsi, convient-il de remarquer qu'il s'agit d'une activité délicate dont la nature et l'importance dans le financement des entreprises ne peut logiquement permettre son libre exercice par tout individu dont les compétences techniques et dont la capacité n'a été antérieurement certifiée. De même, une liberté d'exercice de cette profession entrainerait-elle une prolifération des intermédiaires. Ce qui n'est guère souhaitable puisqu'ainsi, cette activité ne serait pas filtrée alors même qu'elle s'exerce dans un secteur ultra-règlementé, en l'occurrence le secteur de la banque et celui de la finance. Il faudrait alors craindre des arnaques. Ce qui n'est pas nouveau. Ainsi, en France par exemple, existe-t-il en matière financière pour les investisseurs, un vrai risque d'arnaque dont les acteurs sont des

[1] V. par exemple UMOA-TITRES, « Les intermédiaires », https://www.umoatitres.org/

intermédiaires financiers[1], malgré le statut règlementé de la profession. Dans cette perspective, il est logique que le courtier et plus généralement l'intermédiaire en matière financière ne soit pas pour principe, une profession libre. Ainsi, l'absence d'une autorisation légale particulière doit-elle nécessairement valoir interdiction. Tous ces arguments militent finalement en faveur du caractère nécessairement règlementé de cette activité comme c'est le cas en France. Et puisqu'aucun texte ne règlemente cette activité hormis le cas du marché financier régional, une sorte de monopole des banques s'agissant des opérations de placement de titres sur un marché non règlementé apparait finalement.

Or, le marché du *crowdinvesting* actuellement qui, en l'absence de règlementation spécifique ne jouit d'aucun statut légal particulier, ne peut qu'être analysé en marché non règlementé, précisément en marché de gré à gré, mettant directement en relation les parties sans l'intervention d'un organe de régulation, ce marché étant dominé par la loi des parties[2]. Dans cette perspective, en mettant en relation des émetteurs et des investisseurs, la plate-forme intervient en tant qu'intermédiaire dans la prise de participations dans une société alors qu'elle ne constitue pas un intermédiaire financier légalement reconnu comme les banques, ou les SGI.

Ainsi, quand bien même la plate-forme n'est pas soumise aux règles encadrant le marché financier régional,

---

1 Dans cette perspective en France, l'AMF publie régulièrement une liste noire permettant de connaître les intermédiaires non agrées recourant aux procédés frauduleux. V. AMF, « Mises en garde et listes noires des sociétés et sites non autorisés : Forex, options binaires, biens divers, produits dérivés sur crypto-actifs, usurpation… », https://www.amf-france.org/

2 V. FRISON-ROCHE Marie-Anne et NUSSENBAUM Maurice, « Détermination juridique et financière des marchés dits de gré à gré », *Revue de Jurisprudence de Droit des Affaires*, septembre 1997, p. 679 s.

la règlementation financière obstrue son activité de sorte que cette dernière doit se conformer aux règles du droit financier. En effet, deux voies se présentent.

Soit la plate-forme se constitue en établissement de crédit pour pouvoir procéder directement à l'opération d'intermédiation. Ce qui n'est point envisageable, puisque la législation bancaire règlemente avec minutie le statut d'établissement de crédit, statut non accessible aux PME.

Soit la plate-forme exerce en tant qu'apporteur d'affaires aux banques. L'agrément du ministre des Finances est requis pour l'exercice de cette activité. La violation de cet agrément est pénalement sanctionnée. Ainsi, « quiconque, agissant pour son compte ou celui d'un tiers, aura contrevenu aux dispositions du présent article, sera puni d'une amende de cinq millions (5.000.000) à cinquante millions (50.000.000) de francs CFA ». Selon l'article 105 alinéa 5 de la loi-cadre portant règlementation bancaire. En cas de récidive selon le même article *in fine*, une peine de deux mois à deux ans d'emprisonnement est encourue et celle-ci peut être cumulée d'une amende dont le montant est compris entre 10.000.000 et 100.000.0000 de FCFA. Dans cette perspective, la plate-forme qui exercerait ces activités sans observer les dispositions légales s'expose à ces sanctions assez dissuasives. Il s'en suit ici également que la plate-forme devra intégrer la banque si celle-ci souhaite exercer légalement les activités de *crowdinvesting*. Ce qui conduit derechef, à dénaturer l'opération.

Cette dénaturation montre la place centrale occupée par la banque au sein de notre ordre juridique alors même que les tendances mondiales favorisent la finance par le marché.

2.2.2. La décrépitude de l'encadrement des mécanismes de financement

Des développements intervenus en amont, il apparait clairement que dans le cadre du financement participatif par achat de titres, les plates-formes ne peuvent se démêler des banques si celles-ci désirent exercer de manière légale l'opération de *crowdfunding*. Cependant, la tendance contemporaine n'encensant plus les seules banques, l'on a ainsi parlé de marchéisation de l'économie au détriment de celles-ci[1]. Ces dernières ne conservent plus de place prépondérante dans le financement de l'économie. Ainsi, de l'économie intermédiée, est-on passé à l'économie désintermédiée[2]. Mais aussi, le développement d'Internet a permis celui de la finance, avec l'apparition de la fintech, du financement participatif[3]. Devant cette montée de nouveaux mécanismes de financement tel le financement participatif, les pouvoirs publics pour la plupart, se sont résignés à intégrer ceux-ci au sein du droit et à l'orienter vers un sens jugé favorable au développement économique comme en témoigne l'exemple français et européen.

Toutefois, au sein de notre ordre juridique, les banques continuent-elles d'occuper une place prépondérante, étant donné que, hormis le marché financier régional, l'intermédiation financière est associée aux seules banques. De même, la nouvelle loi-cadre portant règlementation bancaire ne balise pas à suffisance le terrain du financement participatif puisqu'il ne semble prévoir que le statut des intermédiaires qui ne sont pourtant pas les seules dans ce mécanisme de financement. Aussi, le monopole implicite des banques dans l'intermédiation financière commande-t-il la quasi-exclusivité de l'exercice de ces opérations par les banques sous réserve toutefois des règles régissant les intermédiaires intervenant sur le marché financier. Il en

---

1 LEHMANN Paul-Jacques, *Économie des marchés financiers*, 2e éd., Paris, De Boeck, 2014, p.16 s. ; COURET Alain et *al.*, *Droit financier, op. cit.*, p. 3.

2 COURET Alain et *al.*, *Droit financier, op. cit.*, p. 3.

3 JOFFRE Oliver et TRABELSI Donia, « Le crowdfunding », *op. cit.*, p. 70 s.

résulte une conséquence négative pour l'exercice de l'activité de *crowdfunding* et donc pour la marchéisation de l'économie.

En effet, toute prise de participation dans une société sur les marchés financiers, les marchés non règlementés y compris, laquelle doit nécessairement passer par une banque à défaut de pouvoir se réaliser *via* le marché financier régional, entrave l'émergence de certains marchés financiers non règlementés, tel celui du *crowdinvesting*.

Aussi, les dispositions régissant l'appel public à l'épargne interdisent-elles dans un premier temps à certaines formes de sociétés et dans un second temps aux SA d'offrir publiquement leurs titres, sans avoir préalablement, s'agissant de ces dernières, observé certaines obligations parmi lesquelles l'exigence d'une somme de 100.000.000 de FCFA pour la constitution du capital social. Ce qui aurait pour effet de discriminer les sociétés ne pouvant justifier de la somme requise. Le législateur réduit celles-ci ainsi donc, au financement par le crédit et la politique menée en faveur des PME n'arrange guère cette situation puisque celle-ci exige de ces PME nombre de conditions d'éligibilité. Or, ces dernières, si frivoles soient-elles, ont également besoin de financement pour le développement de leurs activités économiques. Cette législation est ainsi restée dans ce qu'il convient d'appeler la « décrépitude de l'encadrement des mécanismes de financement »[1], car celle-ci ne rend plus compte de l'évolution des mécanismes de financement. En

[1] En nous basant dans cette perspective sur le droit comparé qui connut déjà cette même situation. V. dans cette perspective GRANIER Thierry et CHARPIER-GRANIER Nadège, « Le financement participatif (crowdfunding), révélateur des limites actuelles du système bancaire et financier », in *Mélange en l'honneur du professeur Paul LE CARNU, Le droit des affaires à la confluence de la théorie et de la pratique*, LGDJ, Lextenso édition, 2014, p. 479 - 494.

envisageant l'impossibilité pour les sociétés autres que les SA d'émettre des titres et de procéder à une offre publique de titres, cette affirmation se renforce. D'ailleurs, notre législation ne rend pas compte de la réalité aujourd'hui incontestée d'une extension du champ du crédit qui n'est plus seulement l'affaire des banques en adoptant la définition restrictive, alors que les marchés financiers usent de ce mécanisme de crédit aujourd'hui[1].

Également, le mécanisme de financement existant, exclusion faite des établissements de crédit, lequel constitue le marché financier, minutieusement règlementé, n'est accessible uniquement qu'aux SA.

Toutefois, convient-il de remarquer que précisément pour ces entreprises modestes, le *crowdinvesting* peut constituer un mécanisme pertinent de financement. « Les petits ruisseaux forment les grandes rivières »[2], a-t-on soutenu en parlant du mécanisme du *crowdfunding*. Il fut affirmé plus haut qu'ailleurs notamment en droit français et en droit européen cette démarche fut adoptée et en effet, l'on adapta le droit du *crowdfunding* aux entreprises. Il est également nécessaire de procéder au sein de notre ordre juridique à ce même fixage du cadre juridique du *crowdfunding*. Les développements qui suivront seront consacrés à cette idée.

En définitive, il convient d'observer que les règles ne sont pas non plus adaptées à la situation des plates-formes. Toutefois, un ajustement de ces règles est-il nécessaire afin de permettre la réalisation de l'opération.

---

1 AGBENOTO Koffi, « La notion d'opération de crédit », *op. cit.*, p. 30 s.

2 V. NETTER Emmanuel, « Le financement participatif », *op. cit.*, p. 479 - 508.

PARTIE II.

UN MODE DE FINANCEMENT NECESSITANT UN ENCADREMENT SPECIFIQUE

Le fonctionnement du *crowdfunding* nécessite l'intervention de règles pertinentes, lesquelles peuvent permettre une réalisation légale de l'opération. Dans la première partie, il a été vu que les règles actuelles n'étaient pas adaptées à la situation des acteurs. Sans verser dans une certaine tautologie, il est pertinent de rappeler que cette inadaptation concerne, en plus de certaines règles spécifiques, la législation financière actuelle qui, étant bâtie sur le modèle du système financier classique, ne concernait pas originairement le *crowdfunding.* L'intervention législative nécessaire doit inévitablement ajuster les règles actuelles à la nature de cette activité afin d'assurer d'une part un rapprochement efficace des apporteurs et utilisateurs de capitaux et d'autre part, un retour financier aux investisseurs, ce qui constitue les objectifs de la finance[1]. En bref, doit-être recherché un déroulement efficace de l'opération. Dans cette perspective et suivant la démarche adoptée dans la première partie, la situation des parties (Chapitre 1) doit nécessairement être abordée avant celle des plates-formes (Chapitre 2).

---

[1] CLACHANT Jérôme, « la finance participative ou comment exploiter la sagesse de la foule », *l'Economie Politique*, 2017, n° 75, p. 66.

CHAPITRE 1.

UN AJUSTEMENT DES REGLES A LA SITUATION DES PARTIES

L'ajustement s'impose, étant donné que les règles actuelles ne sont pas adaptées. La situation de l'émetteur des titres nécessite en effet cet ajustement des règles. Celle-ci nécessite un ajustement des règles applicables à l'appel public à l'épargne et aux titres financiers (1). La situation du souscripteur nécessite également cette même intervention. Dans cette perspective, il faut observer que les règles régissant le monopole bancaire, celles protégeant le souscripteur doivent être également équilibrées à la situation de cette dernière (2).

1. Un ajustement des règles applicables à l'émetteur de titres

Procédant à une offre de titres financiers au public, l'émetteur se lie à la législation régissant l'appel public à l'épargne. Ce qui fut soulevé *supra*. Seulement, les liens que celui-ci entretient avec cette législation ne sont guère harmonieux. Afin d'aboutir à une réalisation efficace du financement participatif toutefois, la législation applicable à l'appel public à l'épargne doit être ajustée (1.1). Ensuite, étant donné que ce sont des titres financiers qui sont émis, les problèmes que soulèvent leurs émissions par le canal Internet doivent également être corrigés afin d'en permettre une saine exécution (1.2).

1.1. Un ajustement des règles applicables à l'appel public à l'épargne

Il a été déjà démontré que les règles applicables à l'émetteur étaient inadaptées. Dans cette perspective, ces règles requièrent nécessairement une adaptation à la situation de l'émetteur afin de permettre à celui-ci d'effectuer aisément l'opération. Étant donné que certaines sociétés sont exclues de l'appel public à l'épargne (1.1.1) et que le régime applicable à celles d'entre elles qui seraient admises (1.1.2) est inadapté, l'ajustage doit ainsi toucher nécessairement ces aspects.

1.1.1. L'ajustement des règles régissant les formes sociales éligibles

Il a été déjà montré que hormis les SAS dont l'exclusion est explicitement affirmée par le législateur, les sociétés ne revêtant pas la forme de SA sont également exclues de l'émission de titres financiers par voie d'appel public à l'épargne, puisque ces sociétés ne peuvent émettre des valeurs mobilières. Le *crowdinvesting*, moyen de financement non bancaire, étant surtout destiné à ces sociétés exclues et la réalisation de l'opération nécessitant nécessairement une offre au public de titres financiers, les règles actuelles applicables à l'appel public à l'épargne qui se révèlent hostiles à la réalisation de cette opération doivent permettre la réalisation de celle-ci. Ainsi, le droit comparé nous offre-t-il un exemple d'encadrement pertinent.

En France par exemple, le législateur n'a nullement attendu l'avènement du financement participatif pour permettre l'émission de titres par les sociétés revêtant une forme dissemblable à la SA. Le législateur permis à nombre de ces sociétés, l'émission de titres. Il en est ainsi des bons de caisse[1]. C'est également ainsi que les SARL peuvent émettre des obligations[2] ; même les associations peuvent en émettre selon l'article L213-8 du Code monétaire et financier français.

S'agissant des SARL, le législateur permet à ces sociétés l'émission d'obligations. Les arguments avancés à l'admission de cette mesure sont d'ordres économiques, en l'occurrence les mêmes que ceux qui sous-tendent le *crowdfunding*. Les auteurs ont ainsi mis en avant un souci d'« efficacité économique au bénéfice des PME », « la nécessité de leur permettre d'accéder à d'autres sources de financement que les financements bancaires »[3]. Ces arguments ont finalement triomphé sur le caractère fermé de la SARL et l'existence d'un fort *intuitu personae*[4]. Il convient dans cette perspective de remarquer que toutes les SARL ne peuvent pas émettre des obligations. L'émission d'obligations est réservée par le législateur aux SARL légalement ténues de désigner un commissaire aux comptes selon l'article L223-11 du Code de commerce français. En second lieu, il faut que les trois derniers exercices aient été approuvés régulièrement par les associés aux termes de l'article L223-11 du Code de commerce français. Selon certains auteurs, il s'agit d'« une autre manière de dire que la société doit être constituée depuis plus de trois ans »[5].

---

1 France, Ministère des Finances et des Comptes Publics, *Rapport au Président de la République relatif à l'ordonnance n° 2016-520 du 28 avril 2016 relative aux bons de caisse*, France, 28 avril 2016.

2 MOULIN Jean-Marc, *Le droit de l'ingénierie financière,* 4e éd., Gualino Lextenso édition, 2013, p. 67 s.

3 COURET Alain et THION Bernard, « l'emprunt obligataire : un intérêt certain pour les dirigeants des PME », *Banque*, 1984, n° 445, p. 1273.

4 COURET Alain et *al.*, *Droit financier*, *op. cit.*, p. 564.

5 *Ibid.*, p. 565.

L'exigence de l'existence du commissaire aux comptes permet donc d'assurer une certaine crédibilité de la société, puisque le commissaire aux comptes certifiera la sincérité des comptes et leurs véracités. Les exigences relatives aux états financiers permettent dans une certaine mesure d'éviter que les petites sociétés naissantes dont la situation aussi bien financière que commerciale ou même managériale n'est pas encore bien mise en place et est ainsi incertaine, de pouvoir recueillir les fonds provenant du public. Une certaine mesure de protection sans doute accordée aux souscripteurs. Seulement selon certains auteurs, notamment COURET Alain, cette mesure pourrait être plus pertinente si les SARL non assujetties à l'obligation de désigner un commissaire aux comptes et qui en désignent de leur plein gré étaient autorisées à émettre ces obligations. Notre législateur pourrait parfaitement s'inspirer de cette mesure pour permettre aux SARL d'émettre des obligations, étant donné que celle-ci cadre exactement avec la logique voulue par le *crowdfunding*. De plus, rien ne s'oppose à ce que cette mesure soit prise. En France par exemple, les SARL pouvaient émettre des obligations *via* le *crowdinvesting*[1]. Même si cette possibilité pour les SARL d'émettre les obligations par le *crowdfunding* leur fut retirée par la suite, les auteurs s'en sont étonnés[2]. La justification objective de ce retrait ne semble pas convaincre. Il n'est pas inutile de rappeler que compte tenu par contre du fort *intuitu personae* dans la SNC, cette mesure n'a pas lieu d'être. Manifestation de ce

---

1 PORACCHIA Didier et VELARDOCCHIO Dominique, « Le financement participatif par offre de titres financiers », *Bulletin Joly Sociétés*, décembre 2014, n° 112v6, p. 742 s.

2 V. LE NABASQUE Hervé, « Réforme de l'offre au public de titres financiers : impact pour les sociétés qui ne peuvent pas offrir au public leurs titres financiers », *Bulletin Joly Sociétés*, décembre 2019, n° 120h4, p. 56 s.

fort *intuitu personae*, l'article 274 de l'AUSCGIE précise que les parts sociales sont cédées avec le consentement unanime des associés sous peine de nullité tout en permettant la mise en place d'une procédure de rachat permettant le retrait de l'associé cédant. Néanmoins cette mesure peut être prise pour la SAS, étant acquis que cette dernière figure parmi les sociétés de capitaux. Seulement, la grande liberté d'organisation accordée aux associés reculerait devant des impératifs de protection des investisseurs[1]. Le législateur français a ainsi permis, dans le cadre du financement participatif, aux SAS de procéder à la réalisation de l'activité, tout en restreignant la liberté contractuelle qui caractérise ces sociétés. Le droit comparé a consacré cette possibilité d'émission des titres financiers pour les SAS par l'intermédiaire d'une plate-forme de financement participatif[2]. *A priori*, les SA ne pouvant remplir les conditions de l'appel public à l'épargne doivent également procéder à l'opération. En effet, le droit comparé permet aussi aux SA de procéder à l'émission de titres *via* le financement participatif[3].

A supposer que cette réforme soit enclenchée, elle doit en effet se conjuguer avec les autres axes du régime juridique afin d'obtenir un encadrement pertinent. Dans

---

1 V. NETTER Emmanuel, « Le financement participatif », *op. cit.*, p. 479 - 508.

2 PORACCHIA Didier, « Émission de valeurs mobilières et circulation des titres de la SAS », *Bulletin Joly Société*, février 2015, n° 113c6, p. 102 s. ; CHANEY Aurélie, « Le financement des SAS par la souscription de titres *via* une plate-forme Internet », *Les Petites Affiches*, janvier 2016, n° 5, p. 8.

3 V. PORACCHIA Didier et VELARDOCCHIO Dominique, « Le financement participatif par offre de titres financiers », *op. cit.*, p. 743 ; V. également V. LE NABASQUE Hervé, « Réforme de l'offre au public de titres financiers : impact pour les sociétés qui ne peuvent pas offrir au public leurs titres financiers », *op. cit.*, p. 59.

cette perspective, l'ajustement du régime juridique des sociétés éligibles se révèle nécessaire.

1.1.2. L'ajustement du régime juridique des sociétés éligibles

A la suite de l'ajustement des règles régissant les formes sociales éligibles à l'appel public à l'épargne, il est nécessaire de fixer le régime juridique des sociétés soumises à cet ajustement. Essentiellement, ce sont les difficultés découlant des formalités à remplir lors de l'offre des titres au public, les garanties financières ainsi que les conditions de publicité évoquées dans la première partie qui doivent être réglées. Il s'agit ainsi de trouver un régime juridique pouvant concilier offre au public de titres financiers et protection des investisseurs. Par exemple en France, dans le cadre du *crowdfunding*, les offres de titres financiers sont dispensées de l'obligation de rédiger le prospectus exigé lors de l'offre au public de titres financiers[1]. Il s'agira donc pour notre législateur d'assouplir le régime juridique des sociétés éligibles, en l'occurrence les exigences relatives au capital social des sociétés éligibles et les garanties financières comme en droit comparé.

Egalement, la technique de marché financier organisé, lequel ne constitue qu'un type de marché non règlementé[2], pourrait permettre de régler cette difficulté et d'assurer une publicité pertinente aux souscripteurs.

Ainsi, convient-il de ne guère confondre le mécanisme du *crowdfunding* à la nature juridique du marché du

---

1 LE NABASQUE Hervé, « Réforme de l'offre au public de titres financiers : impact pour les sociétés qui ne peuvent pas offrir au public leurs titres financiers », *op. cit.*, p. 59.

2 BARBAN Patrick, « La notion de système multilatéral de négociation », *Bulletin Joly Bourse*, mars 2018, n° 2, p.113 ; COURET Alain et *al.*, *Droit financier*, *op. cit.*, p. 54 s.

crowdfunding. Le mécanisme consiste en la sollicitation du public par le biais d'un intermédiaire, en l'occurrence une plate-forme Internet. Ce mécanisme n'est pas si spécifique en tant que tel, car dans les marchés financiers classiques, des titres sont également émis sur Internet[1]. Egalement, il est possible de solliciter par voie d'appel public à l'épargne, le financement du public. La différence entre ces mécanismes de financement et le *crowdfunding réside* d'une part dans le type de public visé, *a priori* dans le caractère affectif du financement ainsi que dans le caractère modique des sommes requis et d'autre part au caractère entièrement dématérialisé de la plate-forme. Le marché du *crowdfunding* par contre, est le lieu de rencontre de l'offre et de la demande que la plate-forme intermédiaire rapproche. Il s'agit d'un marché dématérialisé. Ce marché ainsi, lequel n'en est pas moins un, peut donc être configuré dans les catégories de marchés financiers existantes. Et le marché organisé apparait pertinent puisqu'il permet une règlementation allégée de la négociation.

Ce marché déjà connu du droit sénégalais, du droit camerounais[2] et surtout du droit français a pour avantage de permettre une règlementation allégée du marché par rapport à la règlementation minutieuse des marchés règlementés[3], ce qu'il faut dans le cadre du *crowdfunding* en ce qu'il garantirait de bonnes conditions de publicité et d'information des souscripteurs tout en permettant une règlementation allégée.

---

1 V. dans cette perspective, COURET Alain et *al.*, *Droit financier, op. cit.*, p. 39 ; V. également GIVRY Alexandra, « La régulation du trading à haute fréquence : approche française et difficultés », *Annales des Mines*, février 2015, n° 1, p. 74 s.

2 AMBOULOU Hygin Didace, *Le droit des marchés financiers dans l'espace OHADA*, Paris, l'Harmattan, 2015, p. 19.

3 *Idem ;* V. BONNEAU Thierry et *al.*, *Droit financier*, 3e éd., Paris, LGDJ, 2021, p. 338 s.

Ainsi, contrairement aux marchés règlementés qui se caractérisent par un « édifice normatif pyramidal », c'est-à-dire les normes qui sont édictées par le législateur, celles qui sont édictées par l'autorité régulatrice des marchés financiers et celles qui sont édictées par l'entreprise de marché[1], les marchés organisés se caractérisent par une règlementation allégée[2] en ce que la grande partie de la règlementation est élaborée par l'entreprise de marché, gestionnaire du marché[3]. Cette entreprise bénéficie ainsi d'une certaine liberté dans l'organisation du marché par rapport aux marchés règlementés. Ces normes sont néanmoins approuvées par le régulateur[4]. Dans le cadre du *crowdfunding*, cette possibilité laissée à l'entreprise de marché permettra en temps réel de créer les règles en fonctions des difficultés rencontrées sur le marché ainsi qu'une certaine souplesse.

En France par exemple, le système multilatéral de négociation, l'appellation française du marché organisé[5] est utilisé comme un marché de « croissance des petites et moyennes entreprises ». C'est le cas du marché « Euronext Growth » anciennement dénommé « Alternext »[6].

A la suite, il faudrait observer que la règlementation applicable à l'émission sur Internet des titres financiers devra aussi nécessairement faire l'objet de réforme étant donné que ce sont ces titres qui seront émis dans le cadre de l'activité de *crowdinvesting*.

---

1 COURET Alain, *Droit financier*, *op. cit.*, p. 48 s.

2 NEUVILLE Sébastien, *Droit de la banque et des marchés financiers*, PUF, 2005, p. 40.

3 V. COURET Alain et *al.*, *Droit financier*, *op. cit.*, p. 49, 59.

4 *Ibid.*, p. 59.

5 *Idem ;* BONNEAU Thierry et *al.*, *Droit financier, op. cit.*, p. 338 s.

6 MOULIN Jean-Marc, *Le droit de l'ingénierie financière*, *op. cit.*, p. 498 ; Dalloz, « Marché Euronext Growth », https://www.dalloz.fr/

1.2. Un ajustement des règles applicables à l'émission de titres par Internet

La problématique de l'émission de titres soulevée dans la première partie trouve sa solution surtout dans les solutions proposées en droit comparé, en l'occurrence dans le droit français et dans celui de l'Union européenne. La pertinence de ces solutions n'est, en effet, aucunement à réfuter. Reconduisant la démarche adoptée en première partie, l'analyse des solutions palliant la résolution des difficultés post-émission (1.2.1) doit nécessairement précéder celles qui résolvent la prise de risque (1.2.2).

1.2.1. La résolution des difficultés liées aux titres financiers éligibles à l'émission sur Internet

L'irruption d'Internet au sein du *crowdfunding* entraine un certain nombre de difficultés dont le contenu a été déjà soulevé dans la première partie. Ainsi, en est-il pour rappel de la participation aux Assemblées par les investisseurs, de la gestion du *back-office*.

S'agissant de la gestion de la participation aux Assemblées, les solutions technologiques du moment viennent à la rescousse. Cette mesure est déjà connue du droit français et du droit OHADA. En effet, le législateur permet à l'article 133-2 de l'AUSCGIE que dans les SA, les Assemblées Générales soient faites par visioconférence ou par tout moyen de communication permettant l'identification des actionnaires à condition que cette possibilité soit inscrite dans les statuts. Pour ce qui est des SA non cotées en France, les Assemblées d'actionnaires peuvent se dérouler exclusivement *via* ces moyens de communication[1], contrairement aux SA cotées où il faut que

---

[1] LHUILLIER, Jean-Baptiste, « L'assemblée générale dématérialisée dans les SA non cotées et la voie électronique en droit des sociétés », *Revue des Sociétés*, mai 2018, p. 287 ; SIX Alexandra, « Droit des

cette possibilité soit préalablement insérée dans les statuts[1]. Cette mesure conviendrait aux sociétés qui se financent *via* le *crowdinvesting* où une partie de l'actionnariat peut ainsi participer aux Assemblées par visioconférence. Il est toutefois important de préciser que pour les sociétés lilliputiennes, en dépit de cette mesure qui pourrait provoquer un éclatement et une instabilité de l'actionnariat, la préservation d'un actionnariat stable revêt un intérêt indéniable en ce qu'elle permettrait la stabilité de la société.

En effet, par exemple dans les SA cotées, le foisonnement des investisseurs provoque quelques difficultés particulières. Les actionnaires de ces sociétés étant surtout des investisseurs et compte tenu de leurs nombres, ceux-ci se désintéressent souvent de la gestion sociale, ce qui entraine corrélativement l'apparition de la pratique des « mandats en blanc » avec une omnipotence du Président Directeur General[2]. En France, pour régler ce problème, des mesures sont prises afin de renforcer le contrôle par les commissaires aux comptes[3]. Le risque avec le *crowdinvesting* par exemple, c'est que la modicité des sommes pourrait accentuer ce désintérêt des investisseurs à l'égard de la société. Le législateur pourrait compte tenu de ce risque s'inspirer de la démarche du législateur français. Par ailleurs, s'agissant du droit d'information et de communication des actionnaires, le mécanisme utilisé actuellement par les sociétés faisant appel public à l'épargne pourrait se révéler pertinent si elle s'accompagne d'une publication des informations sur le site Internet de la société. Cette solution est d'ailleurs retenue en droit

---

sociétés : moderniser la tenue des Assemblées générales par visioconférence », https://www.village-justice.com/

1 MERLE Phillipe et FAUCHON Anne, *Droit commercial, sociétés commerciales*, *op. cit.*, p. 611.

2 *Ibid.*, p. 304, 619 s.

3 *Ibid.*, p. 304.

comparé, en ce qui concerne les sociétés cotées qui font également face à un nombre foisonnant d'actionnaires[1].

Pour ce qui est de la gestion du *back-office*, la doctrine propose le montage du *holding ad hoc*, ce qui fut déjà soulevé. A cette solution pourrait s'ajouter la création des fonds communs de placement ou de tout organisme de placement collectif au sein du marché afin d'assurer une gestion efficace du portefeuille des investisseurs. Egalement, ailleurs, les plates-formes ont elles-mêmes organisé un marché permettant de gérer le flux des titres[2].

S'agissant des obligataires, l'article 802 de l'AUSCGIE soumet la tenue de leur Assemblée aux mêmes règles que celles applicables aux actionnaires. Ainsi donc, les solutions retenues dans le cadre des Assemblées d'actionnaires s'agissant de la tenue de l'Assemblée par visioconférence se révèleront pertinentes puisque leur nombre peut être également élevé.

Il ne faudrait pas cependant oublier que le règlement de la problématique de la prise de risque soulevé *supra* revêt également un intérêt crucial.

1.2.2. L'encadrement de la prise de risque

La problématique de la prise de risque évoquée dans la première partie nécessite que soient créées des règles pertinentes de nature à contrebalancer cette dernière. Également, puisque ce sont pour la plupart des sommes modiques qui seront proposées à un grand public d'investisseurs, le marché du *crowdinvesting* serait ainsi énorme et le seul ajustement des règles applicables à l'appel

---

[1] MERLE Phillipe et FAUCHON Anne, *Droit commercial, sociétés commerciales*, *op. cit.*, p. 621.

[2] V. par exemple HAVRYLCHYC Olena et VERDIER Marianne, « l'intermédiation financière à l'époque des fintechs : le rôle des plates-formes de crowdlending », *Revue d'Economie Financière*, mars 2017, n° 127, p. 214.

public à l'épargne évoqué *supra* ne se révèlerait pas pertinent puisque dans un premier temps s'il faudrait autoriser l'activité, il faudrait nécessairement en surveiller les acteurs, en l'occurrence les émetteurs, afin d'éviter les risques d'escroquerie, de tromperie, de fraude, ce qui pourrait à vrai dire se révéler complexe, compte tenu de la teneur des PME et de celui des investisseurs.

Ainsi, dans le cadre du marché du *crowdinvesting*, la lutte contre l'utilisation abusive de ce mécanisme qui requiert un mécanisme efficace de contrôle pourrait trouver son contrepoids dans les solutions retenues en droit comparé.

En effet, selon l'ancien article L547-5 du Code monétaire et financier français, « Un conseiller en investissements participatifs doit être en mesure de justifier à tout moment de l'existence d'un contrat d'assurance le couvrant contre les conséquences pécuniaires de sa responsabilité civile professionnelle, en cas de manquement à ses obligations professionnelles, telles que définies au présent chapitre (…) ». L'article 11 du Règlement de l'Union européenne applicable en la matière s'est également orienté dans ce sens dans le cadre des garanties prudentielles. Il faut ainsi remarquer que c'est sur l'intermédiaire que le législateur français fait peser les conséquences potentiellement négatives de la prise de risque par les émetteurs ou les porteurs de projet. Cette mesure se justifierait par le fait que puisque c'est cet intermédiaire qui propose les offres au public, puisque celui-ci est facilement identifiable en ce qu'il est immatriculé et son statut minutieusement règlementé, il serait ainsi plus aisé compte tenu de ces éléments d'effectuer le contrôle des émetteurs ou des porteurs de projet par son biais. De ce fait, une obligation de vérification des informations est mise à la charge de la plate-forme.

Ainsi, la plate-forme qui reste tenue d'un devoir d'information ou de renseignement à l'égard des clients, sera-t-elle astreinte de requérir des émetteurs et porteurs de projets des informations permettant d'éclairer le souscripteur sur les risques des opérations[1].

Cette obligation d'information est également consacrée par le droit communautaire de l'Union européenne actuellement en vigueur en France notamment au considérant 50, à l'article 23 du Règlement (UE) 2020/1503 du parlement européen et du conseil du 7 octobre 2020 relatif aux prestataires européens de services de financement participatif pour les entrepreneurs et modifiant le Règlement (UE) 2017/1129 et la directive (UE) 2019/1937. Le même Règlement également consacre l'obligation pour la plate-forme de peser et d'évaluer pour chaque projet le risque du crédit au paragraphe 2 de l'article 6.

Toutes ces mesures permettent de lutter contre l'utilisation abusive de ce mécanisme. Ces mesures protègent ainsi le souscripteur. Cependant, il faut observer que la protection du souscripteur nécessite également que soient établies à son bénéfice, des règles établissant une protection efficace dans la relation contractuelle qui l'oppose à l'émetteur ou l'emprunteur.

2. Un ajustement des règles applicables au souscripteur

Ainsi donc, les avantages escomptés du *crowdfunding* nécessitent que soit également mis en place un régime juridique pertinent au souscripteur. Dans cette perspective et suivant l'inadaptation relevée dans la première partie, outre le fait qu'il doit être dérogé au monopole bancaire pour permettre aux souscripteurs de procéder à l'opération,

---

[1] V. COURET Alain et *al.*, *Droit financier*, *op. cit.*, p. 177 s.

la protection de ceux-ci s'impose. Ainsi, apparait-il nécessaire d'offrir la protection consumériste au souscripteur-consommateur (2.1). Egalement, la situation de ce dernier nécessite que soient introduits dans cette législation, certains mécanismes importants de protections (2.2).

2.1. Une soumission du souscripteur a la législation consumériste

Concrètement, cette mise du souscripteur sous le parapet consumériste doit suivre une certaine visée (2.1.1). De même, le droit consumériste spécial doit-il dans cette même perspective permettre une protection efficace du souscripteur (2.1.2).

2.1.1. L'attribution de la protection consumériste au souscripteur

D'entrée de jeu, il convient de rappeler qu'aussi bien dans le cadre du *crowdinvesting* que dans celui du *crowdlending*, l'attribution de la qualité de consommateur au souscripteur revêt un certain intérêt et nécessite une correction des règles actuelles. Les critères d'application du droit consumériste sont remplis non pas seulement dans le cadre du *crowdinvesting*, mais également dans celui du *crowdlending*, ce qui fut démontré *supra*. Ainsi, pour rappel, rien ne s'oppose à faire bénéficier le souscripteur-investisseur des dispositions consuméristes relatives aux clauses abusives, à l'action de groupe d'autant que l'investisseur qui reçoit l'offre par Internet serait par hypothèse un profane et contracterait avec un professionnel tout en étant vulnérable[1], autrement dit, ce dernier contracterait avec des personnes qui agissent dans le cadre de leurs professions et qui sont plus outillés que lui. De même, ne faut-il oublier la faiblesse des sommes investies.

---

[1] TRACFIN, « Le crowdfunding et ses risques », *op. cit.*, p. 62.

Aussi, le TRACFIN français a-t-il affirmé que « les spécificités du *crowdfunding* tiennent principalement au profil non professionnel des participants et souvent aussi, au caractère désintéressé de leur démarche mise en œuvre par le biais d'Internet »[1]. La qualité de non-professionnel des participants devrait en toute logique appeler celui de consommateur. De même, les auteurs sont-ils allés dans le même sens. Cet aspect fut déjà développé *supra*.

En effet, en France par exemple, le consommateur de manière générale est défini par l'article liminaire du Code de la consommation comme « toute personne physique qui agit à des fins qui n'entrent pas dans le cadre de son activité commerciale, industrielle, artisanale, libérale ou agricole ». Cette notion intègre ainsi le souscripteur dans la notion de consommateur dès lors que ce dernier agit en dehors de toute activité professionnelle. Il s'agirait par exemple d'un souscripteur qui n'agit pas à des fins rentrant dans sa profession.

Au sein de notre ordre juridique, hormis la définition sectorielle donnée par la loi de 1999, la définition de cette notion est absente. A la différence du droit français, cette absence de définition persiste. Il a été vu *supra* que certaines voix s'étaient élevées contre la compétence du droit OHADA pour régir le droit consumériste général, ce qui met plus à mal la protection du consommateur au sein de notre ordre. Dans cette perspective, certains auteurs ont prescrit un dialogue des institutions communautaires[2]. Ce dialogue, dont les premiers signes ne se sont aucunement manifestés, ne constitue point ainsi, la solution pour la protection du souscripteur en tant que consommateur.

---

[1] TRACFIN, « Le crowdfunding et ses risques », *op. cit.*, p. 64.

[2] FASSASSI Quowiyou, « La crise de normativité dans la protection du consommateur OHADA », *op. cit.*, p. 59 s.

Ainsi, tenant compte de la querelle doctrinale existant autour de l'organe compétent pour édicter la législation consumériste, les règles protectrices intéressant le souscripteur pourraient être directement intégrées dans le droit du financement participatif en tant que corps de règles consuméristes protectrices des souscripteurs.

A la suite, il convient de remarquer que le cadre consumériste spécial, en l'occurrence le droit consumériste des transactions électroniques, nécessite également un ajustement.

2.1.2. L'établissement d'un cadre consumériste pour les services financiers à distance

S'agissant du droit consumériste numérique, il a été vu *supra* que ce dernier excluait de son champ d'application, le souscripteur alors que des offres lui sont faites par l'entremise d'Internet par la plate-forme, mandataire du porteur de projet ou de l'émetteur.

En droit comparé par exemple, en l'occurrence le droit français et celui de l'Union européenne, la protection consumériste en matière financière ne vise que les services financiers[1]. Il s'agit de tout service ayant trait à la banque, au crédit, à l'assurance, aux investissements et aux paiements[2]. Cette législation vise ainsi les banques dans le cadre par exemple des opérations de crédit. Les sociétés d'assurances et intermédiaires financiers sont également visés.

Dans cette perspective, le prestataire du service doit respecter le principe de transparence. Ce principe consiste

---

1 FENOUILLET Dominique, « Commercialisation à distance des services financiers auprès des consommateurs », *Revue des Contrats*, octobre 2005, n° 4, p. 1052 ; MOREAU Florelle, « La protection du consommateur dans les contrats à distance », *Les Petites Affiches*, mars 2002, n° 57, p. 4 ; n° 1, p. 7 s.

2 COURET Alain et *al.*, *Droit financier*, *op. cit.*, p. 1575.

pour les prestataires du service à mettre en place « un accès facile, direct et permanent à une série d'information dite "de base" relative à leurs activités »[1]. Il convient de préciser qu'il ne doit s'agir que d'un contrat conclu en ligne. Également, le consommateur doit avant la conclusion de tout contrat recevoir un ensemble d'informations concernant le fournisseur du service, le service financier, le contrat envisagé[2]. Un droit de réflexion et de rétractation existe également au profit du consommateur. Dans cette dernière logique, un droit de remboursement se lie à ce droit de rétractation[3]. Ce droit de rétractation est par ailleurs applicable au souscripteur en matière de financement participatif, en droit comparé[4]. Toutes ces règles ne tendent que vers une protection efficace du consommateur dont la situation s'assombrit avec l'intervention d'Internet. Egalement, en droit français, en matière de financement participatif, un délai de réflexion précontractuel est accordé aux souscripteurs au paragraphe 2 de l'article 22 du Règlement européen applicable, ce qui pourrait aboutir à leurs renonciations.

Dans le cadre du *crowdfunding*, il est à remarquer que la plate-forme de *crowdlending* fournirait des services ayant trait au crédit au souscripteur. Il s'agit essentiellement de l'activité d'intermédiation en opération de crédit. Dans le cadre du *crowdinvesting*, la plate-forme effectue des services d'investissement[5]. Ce qui rend pertinentes ces règles protectrices. Il convient de remarquer que même s'il n'existe *a priori* aucun contrat entre la plate-forme et le

---

1 COURET Alain et *al.*, *Droit financier*, *op. cit.*, p 1574 s.

2 *Ibid.*, p. 1576.

3 *Ibid.*, p. 1574, p. 1579.

4 VABRES Regis, « Le financement participatif : quels outils d'investissement ? Quelle protection des investisseurs ? », *op. cit.*, p. 6.

5 COURET Alain et *al.*, *Droit financier*, *op. cit.*, p. 104.

souscripteur, la plate-forme agit soit au nom et pour le compte soit pour le compte du porteur de projet[1] de sorte que son intervention déterminera le contrat à conclure, notamment par le biais des informations qu'il fournit aux souscripteurs. D'où il suit que le souscripteur doit être protégé.

Dans cette perspective, les législateurs français et communautaires ont mis à la charge des plates-formes de financement participatif, des obligations permettant d'assurer une certaine protection aux souscripteurs. Ce qui fut relevé *supra*. Parmi ces obligations, il convient ainsi de mentionner les obligations d'information et d'immatriculation, lesquelles pèsent sur la plate-forme à l'égard du souscripteur[2]. L'obligation d'information lui impose de se renseigner préalablement à propos des sociétés recherchant le financement. Ces mesures sont ainsi pertinentes pour une protection efficace du souscripteur.

L'évolution du droit consumériste, en France notamment, a fait apparaitre des mécanismes permettant aux consommateurs de se grouper afin de porter plus d'efficacité à leurs actions judiciaires contre les professionnels. Il ne faut pas non plus oublier la pertinence de la sanction des fautes lucratives. Il a été montré dans la première partie, la nécessité d'intégrer ces actions dans l'encadrement du *crowdfunding*. Il faut ainsi dès à présent en préciser les contours.

2.2. Une introduction de certains mécanismes pertinents de protection

L'action de groupe, laquelle permettra aux souscripteurs de bénéficier d'une certaine force dans le cadre d'un litige

---

[1] Dans ce dernier cas, la plate-forme est personnellement engagée.

[2] GRANNIER Thierry, « Le statut des plates-formes de souscription de titres financiers », *Bulletin Joly Sociétés*, décembre 2014, n° 112w3, p. 755 ; p. 751.

les opposant soit à la plate-forme, soit à la société contractante doit être présentée (2.2.1). La sanction des fautes lucratives qui dans une certaine mesure participera à l'efficacité de l'action de groupe doit être à la suite présentée (2.2.2).

2.2.1. L'introduction de l'action de groupe

L'introduction de l'action de groupe, inspiré des droits américain[1] et canadien[2] dans le droit consumériste français a pour finalité de lutter contre l'inefficacité des actions individuelles des consommateurs compte tenu de la faiblesse des intérêts en jeu. Cette action *vise* « le mécanisme juridique par lequel une personne agit en justice, non pas en son nom propre, mais pour le compte d'une série de personnes, d'un groupe, ayant des droits identiques. (…) la décision obtenue aura autorité de chose jugée à l'encontre de tous les membres du groupe »[3]. L'on affirma en outre à propos que « portant sur des enjeux souvent très faibles, le consommateur renonce la plupart du temps à faire valoir ses droits (…) Ce qui est bien entendu de nature à laisser prospérer des comportements parfois déviants, pour ne pas dire inacceptables »[4]. Ainsi donc, les enjeux individuels des consommateurs, étant assez faibles, leurs additions peuvent constituer des sommes élevées[5].

---

1 LAROCHE-GISSEROT Florence, « Les class actions américaines », *op. cit.*, p. 7 ; BOUVIGNIES Alexanne, *Les class actions, Etude de droit comparé entre les droits français et américain*, Vogel Louis (dir.), Master, droit privé comparé, Université Panthéon Assas, 2011, p.7.

2 LAFOND Pierre-Claude, « Le recours collectif et le juge québécois : de l'inquiétude à la sérénité », *Les Petites Affiches*, juin 2005, n° 115, p. 11.

3 JULIEN Jérôme., *Droit de la consommation*, 3e éd., LGDJ, 2015, n° 450.

4 *Idem.*

5 *Idem.*

Une formule toute particulière traduit cette situation. Selon cette formule, « il est difficile de voler un million de dollars à une personne, mais il est facile de voler un dollar à un million de personnes »[1]. En outre, cette action reposerait sur l'idée selon laquelle, l'union fait la force[2]. Même s'il faut remarquer l'existence de deux actions collectives en France avant l'avènement de l'action de groupe[3], il faut observer que l'une ne visait pas la réparation des préjudices individuels subis par les consommateurs et l'autre affichait un fort taux d'échec et pour cause, le caractère restrictif des conditions[4]. L'action de groupe s'est ainsi révélée plus pertinente. Celle-ci fut adoptée par le législateur français[5].

L'analogie de la finalité de cette action avec la situation du souscripteur est pertinente. En effet, le *crowdfunding*, faisant appel à des sommes modiques puisque les PME en seraient les utilisateurs les plus foisonnants, il est patent que la plupart des souscripteurs renoncent à leurs actions contre l'émetteur, ce qui pourrait frayer la voie à un développement de comportements peu souhaitables de la part de ces derniers[6]. Finalement, c'est la protection des

---

1 V. JULIEN Jérôme, *Droit de la consommation*, *op. cit.*, n° 450, note infrapaginale n° 1376.

2 *Ibid.*, n° 450 ; V. également dans cette perspective, JAHAN Guillaume, « Doit-on importer les class actions en France pour mieux défendre le consommateur ? », *Gazette du Palais,* octobre 2006, n° 292, p. 20.

3 BOUVIGNIES Alexanne*, Les class actions, étude de droit comparé entre les droits français et américain*, *op. cit.*, p. 28 s.

4 *Ibid.*, p. 32 ; V. également dans cette perspective, DE ROUX Hortense, « Les actions de groupe, une réforme nécessaire au regard des lacunes des procédures alternatives prévues par le droit français », *Les Petites Affiches*, mars 2014, n° 60, p. 14 s.

5 AKYUREK Ozan, « La Class action enfin adoptée ! », *Les Petites Affiches*, mars 2014, n° 60, p. 3.

6 NETTER Emmanuel, « Le financement participatif », *op. cit.*, p 479 - 508.

souscripteurs qui se retrouverait remis en cause et la crédibilité de cette opération, noircie. Dans cette perspective, une place particulière doit donc être accordée à l'action collective ou action de groupe, ce qui permettrait, outre la lutte contre les clauses abusives, d'assurer une protection efficace au souscripteur. En France, par exemple, l'action de groupe fut introduite en 2014[1].

Toutefois, ce mécanisme soulève quelques difficultés particulières dans l'ordre juridique. Plusieurs contrariétés ont été soulevées[2]. Il s'agit de celles qui tiennent à la prohibition des arrêts de règlements ; à l'effet relatif de l'autorité de la chose jugée, à « l'interdiction de plaider par procureur », à la mise en œuvre herculéenne du principe de la contradiction[3]. Si des arguments ont pu être trouvés afin de contrebalancer ces trois premières contrariétés, la solution à cette dernière s'est appuyée non sur un argument, mais sur une procédure permettant « au professionnel, à un moment ou à un autre, d'opposer aux demandeurs des arguments tenant à leur propre situation »[4] autrement dit, une procédure permettant d'assurer un respect du principe de la contradiction. En France par exemple, ce mécanisme ne peut être exercé que devant les juridictions civiles et ne peut être exercé que par des associations agréées[5]. Une procédure ordinaire et une procédure simplifiée ont ainsi été mises en place, lesquelles doit respecter toute association pour procéder à cette action[6].

---

1 AKYUREK Ozan, « La Class action enfin adoptée ! », *op. cit.*, p. 3.

2 FRISON-ROCHE Marie-Anne, « Les résistances mécaniques du système juridique français accueillir la class action : obstacles et compatibilités », *Les Petites Affiches*, juin 2005, n°. 115, p. 22 s.

3 *Idem*.

4 JULIEN Jérôme, *Droit de la consommation, op. cit.*, n° 456.

5 *Ibid.*, n° 458.

6 V. dans cette perspective, MARTINET Julien, « Action de groupe Procédure simplifiée : particularités et dangers », *Banque & Droit*,

Ainsi, le souscripteur se trouverait-il à l'abri de l'insécurité pouvant toucher sa situation. En outre, pour une efficacité encore plus accrue de la protection du souscripteur, cette action de groupe doit être complétée par la sanction des fautes lucratives surtout lorsque l'on sait que le *crowdfunding* en constituerait un terreau favorable.

2.2.2. La sanction des fautes lucratives au sein du *crowdfunding*

La sanction des fautes lucratives devra, en plus de l'action de groupe, permettre d'assurer aux souscripteurs une meilleure situation juridique dès lors que l'émetteur, de concert avec la plate-forme, aurait commis une faute lucrative. La protection du public profane justifie cette mesure. En droit comparé, l'amende civile et les dommages et intérêts punitifs sont les sanctions potentiellement attachées à ces fautes[1], sauf que le premier fut consacré par le Code de commerce au détriment du second[2]. Un auteur a également proposé le principe de « restitution intégrale des profits illicites », arguant de l'« inopportunité du recours aux dommages-intérêts punitifs comme moyen d'appréhension des fautes lucratives »[3]. Ces fautes lucratives sont définies comme des « fautes perpétrées

septembre - octobre 2014, n° 157, p. 8 ; V. également, FRICERO Natalie, « Aspects procéduraux de l'action de groupe : entre efficacité et complexité », https://www.droit-patrimoine.fr/

1 MARTINET Julien, « Action de groupe Procédure simplifiée : particularités et dangers », *op. cit.*, p. 8.

2 BEHAR-TOUCHAIS Martine, « L'amende civile prévue à l'article L. 442-6, III du Code de commerce est bien répressive », *Revue des Contrats*, avril 2011, n° 2, p.536.

3 MESA Rodolphe, « La consécration d'une responsabilité civile punitive : une solution au problème des fautes lucratives », *Gazette du Palais*, novembre 2009, n° 325, p. 15.

délibérément en vue de réaliser un profit »[1]. Ces sanctions devront en toute logique viser la plate-forme et le porteur de projet, lesquels peuvent agir de concert dans un but d'attirer un grand nombre de souscripteurs.

S'agissant des dommages et intérêts punitifs, en France et plus généralement dans le système civiliste, le droit de la responsabilité civile s'oppose traditionnellement aux « dommages et intérêts punitifs ». Dans cette perspective, il est à remarquer que l'un des principes fondamentaux du droit de la responsabilité civile français constitue le principe de la « réparation intégrale du dommage »[2]. Egalement, les dommages et intérêts traditionnellement versés revêtent un caractère compensatoire et limité. Mais il faut rappeler qu'il existe aussi des dommages et intérêts moratoires.

Le caractère compensatoire tend à une idée de compensation du préjudice subi[3]. La réparation doit ensuite être intégrale. Cela signifie que seul le préjudice doit être réparé et rien que le préjudice. Il est ainsi interdit à la victime en matière extracontractuelle de minimiser son dommage. Toutefois, en matière contractuelle, les clauses du contrat peuvent-elles parfaitement limiter le dommage par les clauses limitatives de responsabilité par exemple[4]. A la suite, il convient de remarquer que le caractère limité signifie que le montant de la réparation ne doit aucunement dépasser la valeur du dommage[5]. Il ressort ainsi que les

---

[1] CAPPELLETTI Marco, « Réflexions comparatives sur le rôle de la punition en droit de la responsabilité délictuelle », *Revue des Contrats*, décembre 2019, n° 116p5, p. 302.

[2] TERRE François et *al.*, *Droit civil : les obligations, op. cit.*, p. 1201 ; SAINT-ESTEBEN Robert, « Pour ou contre les dommages et intérêts punitifs », *Les Petites Affiches*, janvier 2005, n° 14, p. 53.

[3] TERRE François et al., *Droit civil : les obligations, op. cit.,*., p. 1201.

[4] *Ibid.*, p. 951.

[5] *Ibid.*, p. 1206.

dommages et intérêts traditionnellement versés ne sont pas punitifs. Dans le système de la *Common Law*, les dommages et intérêts punitifs existent[1] contrairement au droit français. Il n'est pas inutile de rappeler que logiquement, les dommages et intérêts punitifs sont versés à la victime et permet de l'inciter à agir[2]. Cette dernière n'est pas toutefois consacrée en droit français.

Le projet de réforme de la responsabilité civile en France a pour sa part prévu le mécanisme d'amende civile dans le cadre de la sanction des fautes lucratives[3]. Selon en effet l'article 1266-1 alinéa 1 du projet de réforme de la responsabilité civile, « en matière extracontractuelle, lorsque l'auteur du dommage a délibérément commis une faute en vue d'obtenir un gain ou une économie, le juge peut le condamner, à la demande de la victime ou du ministère public et par une décision spécialement motivée, au paiement d'une amende civile ». Selon l'alinéa 2, « cette amende est proportionnée à la gravité de la faute commise, aux facultés contributives de l'auteur et aux profits qu'il en aura retirés ». L'alinéa 3 ajoute que « l'amende ne peut être supérieure au décuple du montant du profit réalisé ». A l'alinéa 4, il est affirmé que « si le responsable est une personne morale, l'amende peut être portée à 5 % du montant du chiffre d'affaires hors taxes le plus élevé réalisé en France au cours d'un des exercices clos depuis l'exercice précédant celui au cours duquel la faute a été commise ». Selon l'alinéa 5, « cette amende est affectée au financement

---

1 JAUFFRET-SPINOSI Camille, « Les dommages-intérêts punitifs dans les systèmes de droit étrangers », *Les Petites Affiches*, novembre 2002, n° 232, p. 8.

2 CARVAL Suzanne, « Vers l'introduction en droit français des dommages-intérêts punitifs ? », *Revue des Contrats*, Juillet 2006, n° 3, p. 822.

3 CHARDEAUX Marie Alice, « L'amende civile », *Les Petites Affiches*, janvier 2018, n° 22, p. 6.

d'un fonds d'indemnisation en lien avec la nature du dommage subi ou, à défaut, au Trésor public ». A l'alinéa 6, le projet de réforme affirme que cette amende « n'est pas assurable ». Cette amende n'est cependant pas consacrée pour l'heure en droit français.

Selon JULIEN Jérôme, « En présence d'une faute lucrative, le professionnel serait ainsi tenu, en plus de la réparation du préjudice subi par les victimes, de payer une certaine somme à titre d'amende civile. Il n'y aurait là rien de véritablement choquant et l'efficacité du système s'en trouverait accrue »[1].

Cet auteur préconise ainsi que cette sanction soit uniquement admise dans le cadre des fautes lucratives.

Dans le cadre du *crowdfunding*, ces sanctions seront ainsi donc pertinentes puisque c'est l'efficacité du système ainsi que l'affirme JULIEN Jérôme qui est recherché. En outre, l'amende civile peut se doubler d'une sanction punitive pénale[2].

En définitive, s'agissant de l'émetteur de titres, l'ajustement des règles applicables à l'appel public à l'épargne est nécessaire. S'agissant de la prise de risque, diverses mesures du droit comparé contribuent à son encadrement. Quant à la situation du souscripteur, en plus de l'attribution à celui-ci du bénéfice des règles consuméristes, la sanction des fautes lucratives revêt un intérêt indéniable.

---

1 JULIEN Jérôme, *Droit de la consommation, op. cit.*, n° 472.

2 Cass. crim., 22 sept. 2015, n° 14-84029 ; V. également MESA Rodolphe, « Sanction pénale et amende civile encourues pour un même fait : non à “non bis in idem” », *Gazette du Palais*, octobre 2015, n° 289 - 290, p. 14 s.

CHAPITRE 2.

UN AJUSTEMENT DES REGLES A LA SITUATION DES PLATES – FORMES

Dans la première partie, il a été principalement relevé que la situation de la plate-forme contrevient au monopole bancaire dans le cadre du *crowdlending* et à la profession d'intermédiaire financier dans le cadre du *crowdinvesting*. Il est ainsi nécessaire de procéder à un ajustement des règles. Ainsi, des règles doivent-elles nécessairement intervenir dans la perspective de mieux encadrer l'activité de la plate-forme dans le marché. Dans cette perspective, la législation doit lutter contre certains mauvais comportements susceptibles de se produire sur le marché (1). Mais également, il est nécessaire de fixer les conditions d'exercice de l'activité de la plate-forme (2).

1. UNE INTRODUCTION DE RÈGLES LUTTANT CONTRE DES COMPORTEMENTS NON SOUHAITABLES

Mobilisant des capitaux, il a été relevé *supra* que le *crowdfunding* peut constituer un instrument employé à des fins malsaines. Le *crowdfunding* peut ainsi constituer un moyen par lequel des individus feraient entrer dans le circuit économique légal de l'argent « sale » ou constituer également un moyen par lequel se réaliserait une opération de financement du terrorisme. D'où la nécessité d'encadrer la plate-forme sur ces aspects (1.1). Egalement, puisque la plate-forme se retrouve au sein d'un marché, la garantie de la bonne exécution par elle de sa mission doit nécessairement passer par sa surveillance (1.2).

1.1. Une prohibition des fonds illégaux

Fort heureusement, le droit UMOA définit la notion de blanchiment de capitaux et celle de financement du terrorisme (1.1.1). Malencontreusement, ce même droit n'envisage guère l'hypothèse de ces opérations socialement dangereuses dans le cadre du *crowdfunding*, alors même que le *crowdfunding*, eu égard à sa nature et à sa fonction présente les mêmes dangers que la banque ou le marché financier en ce qui concerne les fonds illégaux[1]. D'où il suit qu'il est impératif de soumettre ce mécanisme de financement à la lutte contre le blanchiment d'argent et le financement du terrorisme (1.1.2).

1.1.1. Les fonds illicites

La lutte contre le blanchiment de capitaux et le financement du terrorisme est méticuleusement règlementée au sein de notre ordre juridique. Les textes de base sont issus de sources variées. A côté de l'encadrement prévu pour régir le secteur bancaire et financier, encadrement dont les règles sont contenues dans le recueil des textes légaux et règlementaires régissant l'activité bancaire et financière dans l'Union Monétaire Ouest-Africaine, il existe également un encadrement spécifique des fonds illicites au sein du marché financier régional. Cette règlementation spéciale ne constitue que l'instruction 59/2019/CREPMF relative à la lutte contre le blanchiment de capitaux et le financement du terrorisme au sein des acteurs agréés du marché financier régional de l'UMOA.

Il faut cependant noter que cette législation apparait un peu illisible. Le droit primaire de l'UMOA ne prévoit nulle part comme droit dérivé les lois uniformes et les lois-cadres. Mais, la loi uniforme existe en matière de blanchiment de capitaux. L'interrogation peut surgir sur la valeur juridique

---

[1] V. NETTER Emmanuel, « le financement participatif », *op. cit.*, p. 479 - 508.

de ces lois uniformes, puisque dans les matières où ce traité attribue la compétence au Conseil des ministres pour uniformiser la législation, le traité n'autorise ce Conseil qu'à procéder que par voie de décision, avis, recommandations. C'est en effet l'analyse qui ressort d'une lecture combinée des articles 15 et 34 du traité révisé de l'UMOA du 27 janvier 2007. Néanmoins, la loi n'identifie la notion de blanchiment qu'à un certain nombre d'opérations qu'elle cite. Il s'agit d'une démarche par énumération.

Est ainsi considéré comme blanchiment de capitaux par l'article 7 de l'Annexe à la décision n° 26 du 02/07/2015/CM/UMOA portant adoption du projet de loi uniforme relative à la lutte contre le blanchiment de capitaux et le financement du terrorisme dans les Etats membres de l'Union Monétaire Ouest-Africaine, « les agissements énumérés, ci-après, commis intentionnellement :

a. la conversion ou le transfert de biens, par toute personne qui sait ou aurait dû savoir que ces biens proviennent d'un crime ou délit ou d'une participation à un crime ou délit, dans le but de dissimuler ou de déguiser l'origine illicite desdits biens, ou d'aider toute personne impliquée dans cette activité à échapper aux conséquences juridiques de ses actes ;

b. la dissimulation ou le déguisement de la nature, de l'origine, de l'emplacement de la disposition, du mouvement ou de la propriété réels de biens ou des droits y relatifs, par toute personne qui sait ou aurait dû savoir que ces biens proviennent d'un crime ou délit ou d'une participation à un crime ou délit ;

c. l'acquisition, la détention ou l'utilisation de biens, dont celui qui s'y livre, sait ou aurait dû savoir, au moment où il les réceptionne que ces biens proviennent d'un crime ou délit ou d'une participation à un crime ou délit ;

d. la participation à l'un des actes visés aux points a), b) et c), le fait de s'associer pour le commettre, de tenter de le commettre, d'aider ou d'inciter quelqu'un à le commettre ou de le conseiller, à cet effet, ou de faciliter l'exécution d'un tel acte ». Selon ce même article, le blanchiment de capitaux est ainsi caractérisé peu importe que l'acte soit commis par l'auteur de l'infraction ayant procuré les biens à blanchir ou si les activités à l'origine des biens à blanchir sont exercées sur le territoire d'un autre Etat membre ou celui d'un Etat tiers. De même, selon ce même article, l'intention de l'auteur de l'acte peut-elle se déduire de « circonstances factuelles objectives ».

L'article 8 de l'Annexe précitée définit le financement du terrorisme comme étant constitué de « (...) tout acte commis par une personne physique ou morale qui, par quelque moyen que ce soit, directement ou indirectement, a délibérément fourni ou réuni des biens, fonds et autres ressources financières dans l'intention de les utiliser ou sachant qu'ils seront utilisés, en tout ou partie, en vue de la commission :

a. d'un ou de plusieurs actes terroristes ;

b. d'un ou de plusieurs actes terroristes par une organisation terroriste ;

c. d'un ou de plusieurs actes terroristes, par un terroriste ou un groupe de terroristes (...) ». La commission d'un seul des actes mentionnés dans cet article suffit ainsi à constituer l'infraction. La tentative de cette infraction, l'incitation à sa commission, l'assistance portée à l'auteur dans la commission sont ainsi qualifiées d'infraction de financement de terrorisme par ce même article. Cette mesure atteste d'une réelle volonté de lutter contre ce phénomène. En outre, ici également, selon ce même article, l'intention de l'auteur peut être déduite des « circonstances factuelles objectives » par le juge.

Puisque ces incriminations tendent à assainir l'environnement économique, la nécessité de la prise en compte de celles-ci dans l'encadrement du *crowdfunding* s'avère cruciale pour ne pas laisser celui-ci se développer dans un sens non favorable à l'économie et à la société.

1.1.2. Les fonds illicites et les plates-formes

A la faveur de la nécessité d'assurer une crédibilité au *crowdfunding*, la prise en compte des règles proscrivant le blanchiment d'argent et le financement du terrorisme s'avère judicieuse[1].

En effet, les activités résultant des textes définissant le blanchiment de capitaux et le financement de terrorisme sont susceptibles de se produire dans le cadre de ce mécanisme de financement. Ainsi, selon le TRACFIN français, « (…) le financement participatif est un outil financier qui peut permettre d'intégrer des fonds illégaux dans l'économie légale sous la forme de monnaie électronique (…). Le fait que le circuit utilisé ne soit pas bancarisé présente des risques plus importants en termes de blanchiment, car la traçabilité des flux est amoindrie »[2].

Dans cette logique, il faut remarquer que la démarche consistant à incriminer ces actes ne sera pas suffisante. D'ailleurs, le législateur même a misé sur la prévention. Celui-ci prévoit à la charge des établissements de crédit, des établissements financiers et des apporteurs d'affaires un certain nombre d'obligations. Toutes ces obligations sont prévues par l'annexe à la décision n° 26 du 02/07/2015/CM/UMOA portant adoption du projet de loi uniforme relative à la lutte contre le blanchiment de capitaux et le financement du terrorisme dans les Etats membres de l'union monétaire ouest-africaine en son

---

[1] TRAFCIN, « Le crowdfunding et ses risques », *op. cit.*, p. 62.

[2] *Ibid.*, p. 63.

chapitre III. On cite entre autres des obligations d'identification des clients ; de vigilance constante sur la relation d'affaires avec le client ; de vigilance constante sur l'ensemble des opérations de la clientèle. Egalement, est prévue une obligation de formation et d'information du personnel ; la mise en place de programme de prévention du blanchiment de capitaux et du financement du terrorisme. Une procédure spéciale est prévue en ce qui concerne les personnes politiquement exposées. Il est par ailleurs institué une Cellule Nationale de Traitement des Informations (CENTIF) dont la mission est définie par la loi. Celle-ci contribue à l'efficacité de la lutte contre le blanchiment des capitaux. Également, une obligation d'évaluation des risques pèse en amont sur les assujettis à la loi.

Particulièrement, une déclaration de soupçon est mise à la charge des personnes assujetties à la loi réprimant le blanchiment de capitaux et le financement du terrorisme. Selon l'article 79 de l'annexe à la décision n° 26 du 02/07/2015/CM/UMOA portant adoption du projet de loi uniforme relative à la lutte contre le blanchiment de capitaux et le financement du terrorisme dans les Etats membres de l'union monétaire ouest-africaine (UMOA), une obligation de déclaration à la CENTIF pèse sur ces dernières en ce qui concerne « les opérations portant sur des sommes dont elles soupçonnent ou ont de bonnes raisons de soupçonner qu'elles proviennent d'une infraction de blanchiment de capitaux ou de financement du terrorisme ». Le même article prévoit en sus, d'autres obligations de déclaration des opérations suspectes.

Le dispositif de lutte contre le blanchiment de capitaux et le financement du terrorisme est assez complexe en droit UMOA, le législateur ayant voulu lutter avec vigueur contre ces phénomènes. Dans cette logique, prenant en compte les développements intervenus ainsi que les arguments avancés par le TRACFIN français, il y'a ainsi raison à introduire ce dispositif. Logiquement, les obligations devront peser sur la plate-forme qui constitue l'intermédiaire, en quelque sorte le cerveau de l'opération et qui entretient un lien direct avec chacune des deux parties.

La flexibilité du *crowdfunding* ne saurait en aucun cas justifier une mise à l'écart ou une prise en compte édulcorée de ces règles pour la simple raison que cette flexibilité est destinée à produire non un effet négatif, mais un effet positif au développement économique et social. C'est donc sur la plate-forme, laquelle constitue le centre de l'opération et le pont entre le chercheur de financement et le souscripteur, que devra logiquement peser cette obligation.

Parlant de cette dernière, une surveillance de celle-ci est nécessaire dans le marché du *crowdfunding* afin de s'assurer de la bonne exécution par elle de sa mission.

1.2. Une surveillance des plates-formes

Il a été relevé que la configuration du *crowdfunding*, en l'occurrence, le *crowdinvesting* en marché financier permettrait d'assurer une bonne information des souscripteurs. De même, cette configuration permettrait-elle d'assurer une sécurité des investisseurs. Ce qui nécessite ainsi l'intervention de l'entreprise organisatrice du marché dans le but d'assurer une surveillance, un contrôle de la plate-forme afin de s'assurer de la bonne exécution par la plate-forme de sa mission (1.2.1). De plus, l'opération de *crowdlending* doit-elle être configurée en marché financier (1.2.2).

1.2.1. L'intervention de l'entreprise de marché

Comme dans tout marché financier règlementé ou organisé, l'entreprise organisatrice du marché détient un pouvoir d'organisation sur les acteurs du marché[1]. La

---

[1] COURET Alain et *al.*, *Droit financier*, *op. cit.* p. 38.

configuration du *crowdfunding* en marché financier organisé ne peut ainsi déroger à cette règle. Puisque la plate-forme est l'intermédiaire entre le souscripteur et l'émetteur, il faut imaginer que non seulement celle-ci pourrait proposer des services d'intermédiation, mais peut être également chargée par l'émetteur de recouvrer les fonds. Il s'agit d'une tâche encore plus grande. Ce qui nécessite une intervention de l'entité gestionnaire afin d'assurer un contrôle efficace des plates-formes s'agissant de l'observation des règles d'organisations et de fonctionnement du marché pour plus de transparence.

A titre d'exemple, l'article 9 du Règlement General de la Bourse Régionale des valeurs mobilières, l'entreprise gestionnaire du marché financier régional de l'UMOA dispose que : « dans le cadre du respect des règles d'organisation et de fonctionnement du marché, la Bourse Régionale veille à la régularité des opérations effectuées par les Sociétés de Gestion et d'Intermédiation, ci-après SGI, ou par des personnes agissant pour le compte de ces sociétés.

Elle exerce ces contrôles notamment, par la présence des responsables de la Bourse Régionale - Site Central et Antennes Nationales - lors des séances de cotation.

Toute irrégularité, infraction aux règles de marché, entente entre deux ou plusieurs intervenants ou toute autre anomalie susceptible de porter atteinte à l'intégrité du marché doit être portée à la connaissance du Conseil Régional, qui est seule habilitée à diligenter des missions de contrôle au sein de la Société de Gestion et d'Intermédiation concernée, ci-après désignée SGI ». Cette disposition illustre de manière pertinente l'intervention de l'entreprise de marché dans la perspective d'assurer une surveillance de l'intermédiaire que constitue la SGI. Ce qui est parfaitement transposable au *crowdfunding* puisque la plate-forme par analogie, exercerait la même activité d'intermédiation que la SGI. Ce qui implique dans une certaine mesure que les plates-formes intermédiaires agréées se situent sur le territoire de l'Union.

L'intervention de la plate-forme doit également concerner, par exemple, l'introduction de professionnelles suivant et analysant l'action des plates-formes afin de permettre aux souscripteurs de connaître les plus performantes, dans la logique d'inciter davantage à une bonne conduite. Cependant, il est assez-logique que l'introduction d'une nouvelle profession ne devra en aucun cas dénaturer l'opération du *crowdfunding* et rendre complexe le mécanisme de financement pour les émetteurs et les souscripteurs.

Afin d'assurer une unité dans l'encadrement du *crowdfunding* et par là une simplification de la surveillance de la plate-forme, l'intégration du *crowdlending* dans le marché financier du *crowdfunding* évoqué *supra* s'impose.

1.2.2. L'intégration du *crowdlending* au sein du marché financier

Afin d'assurer une unité de l'encadrement du *crowdfunding* et de faciliter par-là la surveillance des plates-formes, l'opération de *crowdlending* doit être intégrée au marché financier.

Ainsi, l'entité gestionnaire n'aura-t-elle la liberté que de choisir entre le *crowdlending* et le *crowdinvesting*. En effet, puisque le *crowdfunding* constitue un mécanisme spécifique de financement, si la plate-forme souhaite exercer une activité de *crowdfunding*, celle-ci ne peut choisir qu'entre ces deux modèles. Elle ne saurait sous couvert de l'appellation *crowdfunding*, créer une opération inconnue du *crowdfunding*. Il faudrait ainsi donc intégrer le *crowdlending* dans le marché financier du *crowdfunding* pour en favoriser l'unité de surveillance.

Ainsi, si s'agissant du *crowdinvesting*, des titres financiers sont émis, s'agissant du *crowdlending* ce sont des contrats de prêts qui sont conclus. Cette dernière affirmation appelle quelques observations. S'agissant ainsi du *crowdlending*, ce ne sont pas en principe des titres financiers qui sont émis. Il s'agit de prêt heurtant même dans une certaine mesure le monopole bancaire. Il est ainsi difficile d'admettre que des prêts soient négociés directement sur un marché de titres. Ainsi, le législateur français a-t-il créé une catégorie de titres, les minibons[1], lesquels peuvent être émis par Internet et échangés dans le cadre du *crowdlending*. La spécificité de ces titres c'est que ces derniers ne sont pas des titres négociables et sont souvent individualisés. Il ne s'agit que d'une catégorie de bon de caisse qui constitue un titre représentatif d'un prêt[2]. L'avantage serait finalement de permettre aux sociétés exclues du *crowdinvesting*, les sociétés de personnes par exemple[3] ou les sociétés éligibles, mais ne remplissant pas les conditions exigées pour pouvoir participer à l'opération, de réaliser l'opération par le biais du *crowdlending*. En outre, l'intervention de ces titres permettra l'intégration du *crowdlending* au marché financier du *crowdfunding*.

En résumé, il est juste de retenir qu'étant à ces débuts, il est nécessaire de surveiller strictement les plates-formes

---

1 GRANIER Thierry et PORACCHIA Didier, « La réforme des bons de caisse, une ouverture maitrisée vers les fintech ? », https://hal.science/hal-01419980 ; LANTIN Daniel, « Les minibons : un cadre juridique et fiscal novateur », *Les Nouvelles Fiscales*, mars 2017, n° 1196, p. 1.

2 BARSAN Idriss, « la régulation des plates-formes de financement participatif », *Droit et Patrimoine*, novembre 2017, n° 274, p. 3.

3 Ce qui se justifie car si une personne physique peut se financer *via* le *crowdlending*, une société de personne peut *a fortiori* se financer par ce mode de financement.

afin de ne pas laisser l'ambition des émetteurs ruiner la sécurité des investisseurs.

Les règles luttant contre les comportements non souhaitables évoquées dans cette section doivent en effet s'accompagner des règles règlementant le fonctionnement même de l'opération.

2. UNE INTRODUCTION DE RÈGLES CONDITIONNANT L'EXERCICE DE L'ACTIVITÉ

Les plates-formes qui font partie intégrante de ce mécanisme de financement nécessitent que leurs situations soient parfaitement règlementées, en l'occurrence les divers monopoles et leurs conséquences doivent être corrigés[1]. Vu que les plates-formes constituent l'intermédiaire de l'opération, l'encadrement de leurs statuts conditionne ainsi la réalisation de l'opération. La question se pose d'ores et déjà sur la forme sociale des plates-formes, sur l'éthique professionnelle à laquelle seront soumises celles-ci ainsi que sur les activités qu'elles pourraient exercer. Une réponse existe à toutes ses interrogations en droit comparé. Il conviendra d'en faire la présentation (2.1). Ainsi, prenant appui sur ces solutions, l'on débouchera sur un encadrement tirant des leçons du droit comparé dans une perspective d'obtenir un encadrement pertinent (2.2).

2.1. Un exemple d'encadrement en droit comparé

Par droit comparé, il faut comprendre essentiellement le droit français. En effet, la France fut l'un des pays pionniers du *crowdfunding* dans l'espace OCDE et au sein du système

---

[1] V. dans cette perspective, LASSERRE CAPDEVILLE Jérôme, « Les incidences sur le monopole bancaire et le monopole des prestataires de services de paiement de l'ordonnance sur le financement participatif », *Gazette du Palais*, 17 et 18 septembre 2014, n° 260 - 261, p. 6 s.

civiliste[1]. Néanmoins, il faut retenir que le droit français d'origine fut abrogé et remplacé sous l'influence du droit de l'Union européenne. Il faut préciser à la suite que cette abrogation ne concerne que le financement participatif par prêt rémunéré et le financement participatif par titres financiers. Toutefois, il n'en demeure pas moins que l'étude aussi bien de l'ancien droit que du nouveau s'avère utile pour l'adaptation des règles aux plates-formes, en ce que ces deux droits permettront une compréhension aisée de la législation française. Ainsi, la dichotomie intermédiaire en financement participatif et conseiller en investissement participatif propre au droit français (2.1.1) fut remplacée par le statut communautaire unique de prestataire européen de services de financement participatif (2.1.2).

2.1.1. L'ancien droit du financement participatif : la distinction entre le statut des plates-formes de *crowdlending* et de *crowdinvesting*

Dans l'ancien droit du financement participatif, le conseiller en investissement participatif exerçait une activité de conseil en investissement financier et proposait également des titres de capital et de créance. L'intermédiaire en financement participatif exerçait à titre habituel, des opérations de prêt à titre onéreux ou sans intérêt[2].

S'agissant du conseiller en investissement participatif, celui-ci pourra proposer des titres de capital et de créances

---

[1] V. MOULIN Jean-Marc, « Régulation du crowdfunding : de l'ombre à la lumière », *Bulletin Joly Bourse,* juillet 2014, n° 111q1, p. 356.

[2] BARSAN Idriss, « la régulation des plates-formes de financement participatif », *op. cit.*, p. 1 s. ; SOUCHAUD Antoine, « Deus ex Machina dans ''l'espace régulatoire'' du crédit en France, la reconnaissance du crowdlending face au monopole bancaire », *op. cit.*, p. 3 s.

par l'intermédiaire d'un site Internet dont les caractéristiques sont précisées par le Règlement Général de l'AMF[1]. Le conseiller en investissement participatif peut également fournir comme activité connexe, des conseils en matière de structure du capital, de stratégie industrielle et de fusion et rachat d'entreprise[2]. Il a la possibilité de prendre en charge le suivi des bulletins de souscription relatif aux offres qu'il gère selon la modalité définie par l'article 325-50 du Règlement Général de l'AMF[3].

L'accès à cette profession passe par une immatriculation obligatoire sur le registre unique des intermédiaires en assurance, banque et finance[4]. L'obtention de cette immatriculation est soumise à certaines conditions. Il faut, selon le premier alinéa de l'article L547-1 du Code monétaire et financier que la plate-forme soit une personne morale. Egalement, ces gestionnaires personnes physiques doivent être majeurs et répondre d'un certain nombre de conditions d'honorabilité[5]. Ces derniers doivent en outre justifier d'une aptitude professionnelle établie soit par la possession d'un diplôme national français sanctionnant trois années d'études supérieures, soit par une formation professionnelle[6]. Les conseillers en investissement participatif doivent aussi adhérer à une association chargée du suivi de ses membres. C'est dire que « les conseillers en investissement participatif sont soumis à une régulation

---

[1] COURET Alain et *al.*, *Droit financier*, *op. cit.*, p. 176.

[2] *Idem.*

[3] *Idem.*

[4] LUCCHESI Matthieu, « Ordonnance du 22 décembre 2021 sur le financement participatif : impact du Règlement européen sur le crowdfunding en droit français », *Revue de Droit bancaire et Financier*, mars - avril 2022, n° 2, p. 5 s.

[5] COURET Alain et *al.*, *Droit financier*, *op. cit.*, p. 176.

[6] *Idem.*

édictée par des associations professionnelles placées sous la surveillance de l'AMF »[1]. Les conseillers en investissement participatif tout comme les prestataires de services d'investissement ont une obligation générale de loyauté et doivent agir avec équité et dans les intérêts de leurs clients[2]. « Sa rémunération doit être appropriée dans le sens où elle ne doit pas nuire au respect de ces obligations »[3]. Ce dernier doit également mettre en place, une politique de gestion des conflits d'intérêts[4]. Une obligation d'information lui incombe à l'égard de ses clients[5]. Aussi, ce dernier doit-il non seulement mettre en garde ses clients sur les risques auxquels s'exposent ceux-ci, mais également s'informer sur leurs compétences ainsi que sur leurs niveaux d'expérience[6].

Pour ce qui est de l'intermédiaire en financement participatif, l'article L548-2 du Code monétaire et financier dispose que « sont intermédiaires en financement participatif les personnes qui exercent à titre habituel, l'intermédiation au sens de l'article L548-1 pour les opérations de prêt à titre onéreux ou sans intérêt »[7]. Ces intermédiaires ne peuvent être que des personnes morales selon la loi. Selon l'article L548-1 du Code monétaire et financier, cette activité d'intermédiation consiste en la mise en relation au moyen d'un site Internet, des personnes portant un projet et les personnes souhaitant financer ces projets. Des entreprises peuvent ainsi obtenir des prêts et les

---

1 COURET Alain et *al.*, *Droit financier*, *op. cit.*, p. 176.

2 *Ibid.*, p. 177.

3 *Idem.*

4 *Idem.*

5 *Idem.*

6 *Idem.*

7 V. également, LEGEAIS Dominique, *Opérations de crédit*, Lexis Nexis, Paris, 2015, p. 239, 237 s.

rembourser avec intérêt[1]. Les conditions d'accès à cette activité sont quasiment les mêmes que celles du conseiller en investissement financier s'agissant de l'immatriculation, des compétences et honorabilités requises de leurs dirigeants, mais les conditions relatives à l'association professionnelle sont néanmoins absentes ici[2]. En revanche, une obligation d'information est également présente[3]. Le contenu du contrat de prêt est encadré[4]. Toutefois, contrairement au conseiller en investissement participatif qui est placé sous le contrôle de l'AMF, l'intermédiaire en financement participatif est placé sous le contrôle de l'ACPR[5].

Le droit français ayant subi une évolution sur la question, il convient de présenter le nouveau droit du financement participatif.

2.1.2. Le nouveau droit du financement participatif : L'unification du statut des plates-formes de *crowdlending* et de *crowdinvesting*

Sous l'influence du droit communautaire, le droit français connu une évolution. En effet, le Règlement (UE) 2020/1503 du parlement européen et du conseil du 7 octobre 2020 relatif aux prestataires européens de services de financement participatif pour les entrepreneurs et modifiant le Règlement (UE) 2017/1129 et la directive (UE) 2019/1937 institue un nouveau droit pour les plates-formes de financement participatif. Le législateur de l'Union européenne était motivé par un souci

---

1 LEGEAIS Dominique, *Opérations de crédit*, *op. cit.* p 239 s.

2 COURET Alain et *al.*, *Droit financier*, *op. cit.*, p. 179.

3 *Idem.*

4 PERRUCHOT-TRIBOULET Vincent, « L'encadrement juridique du prêt opéré par le biais d'une plate-forme de financement participatif », *op. cit.*, p. 761 s.

5 *Ibid.*, p. 760.

d'harmonisation des règles et de développement d'un marché européen[1].

Un statut unique fut alors créé pour les plates-formes de financement participatif. Ainsi, qu'il s'agisse du conseiller en investissement participatif ou de l'intermédiaire en financement participatif, ces derniers devront se transformer en prestataire de services de financement participatif, soumis à l'agrément de l'autorité compétente. En plus du devoir d'information prévu à l'article 23 du Règlement et celui d'obtention d'un agrément prévu à l'article 12 du Règlement, ce dernier apporte quelques innovations au droit positif.

En effet, le Règlement crée de nouvelles catégories d'investisseurs. Il s'agit des investisseurs avertis et des investisseurs non avertis. Des mesures spécifiques de protection sont établies aux investisseurs non avertis en amont de leurs investissements afin de leur permettre un investissement sain. La mise en œuvre de ces mesures pèse sur les plates-formes. Ces mesures consistent en l'existence d'un test de connaissances prévue à l'article 21, d'une simulation de la capacité à supporter des pertes. Aussi, un avertissement spécifique est-il prévu pour tout investissement dépassant un certain montant à l'alinéa 7 de l'article 21. En sus, un délai de réflexion précontractuel de 4 jours leur est accordé, ce qui pourrait aboutir à leur renonciation selon l'article 22 du Règlement. S'agissant de l'investisseur averti à partir duquel est défini négativement l'investisseur non averti, celui-ci constitue selon l'annexe 2 « un investisseur qui a conscience des risques associés aux investissements sur les marchés de capitaux et qui dispose de ressources suffisantes pour assumer ces risques sans s'exposer à des conséquences financières

---

1 JULIENNE Maxime, « Le droit européen du financement participatif », *Revue de Droit Bancaire et Financier*, mars - avril 2021, n° 2, p. 1.

excessives. Les investisseurs avertis peuvent être classés comme tels s'ils satisfont aux critères d'identification énoncés dans la présente section et si la procédure prévue à la section II est suivie ». La loi même établit ainsi certains critères permettant l'identification de l'investisseur averti envers lequel les plates-formes n'auront pas d'obligations lourdes.

De plus, les activités de financement participatif qui se déroulent sur la plate-forme doivent porter sur des activités commerciales[1]. Selon l'article premier du Règlement, lorsque le montant maximum pouvant être levé par porteur de projet est supérieur à 5.000.000 d'euros sur douze mois dans l'ensemble de l'Union européenne et calculé selon des critères spécifiques, cette loi n'est plus applicable. Les offres de financement participatif entrainent l'établissement d'une fiche d'informations au contenu normé établie par le porteur de projet selon l'article 23 du Règlement. A la lecture du point « a » et du point « e » de l'article 2 du Règlement, on remarque que les plates-formes peuvent également cumuler l'activité de *crowdinvesting* avec celle de *crowdlending*.

Ainsi, cette législation a-t-elle procédé à l'harmonisation des règles sur le plan communautaire dans le but de « faciliter la fourniture transfrontalière de services de financement participatif, réduire les risques opérationnels et assurer un degré élevé de transparence et de protection des investisseurs »[2]. Il convient néanmoins de rappeler que cette législation ne s'applique qu'aux activités commerciales[3]. Dans cette perspective, les plates-formes

1 CONSEIL UE, « communiqué du 20 juill. 2020 », *La Semaine Juridique, entreprise et affaires*, juillet 2020, n° 31-35 - 30, p. 15.

2 MOULIN Jean-Marc, « Le marché européen du financement participatif accède à la vie juridique », *Bulletin Joly Bourse*, novembre - décembre 2020, n° 119k6, p. 16.

3 Conseil UE, *communiqué du 20 juill. 2020*, *op. cit.*, p. 15.

intermédiaires en prêt gratuit et en don continueront de revêtir le statut d'intermédiaire en financement participatif.

Au sein de notre ordre juridique, la situation de la plate-forme nécessite également un encadrement adapté à son activité. Il faut ainsi remarquer que la pertinence des solutions du droit comparé peut guider le législateur. Seulement, l'on ne saurait par-là procéder à une reprise psittaciste de ces solutions, sous peine d'en provoquer une effectivité, ou même une inefficacité.

2.2. Un encadrement tirant des leçons du droit comparé

Le droit comparé ne fait pas grande allusion à la forme juridique de la plate-forme[1]. Ce qui laisse supposer que la plate-forme ne peut que revêtir les formes juridiques des sociétés commerciales à l'exception des sociétés de personnes dont les associés sont solidairement et indéfiniment responsables. Ces dernières formes sociales ne sont généralement pas réservées aux activités de la finance. Toutefois au sein de notre ordre, la forme juridique de la plate-forme mérite-t-elle d'être précisée (2.2.1). Aussi, la reconduction des solutions du droit comparé ne doit-elle être valable que lorsqu'elle se déduirait d'une justification objective (2.2.2).

2.2.1. La précision de la forme sociale de la plate-forme

Dans la première partie, il a été vu que les divers intermédiaires ne pouvaient que revêtir une forme sociale de SA hormis le cas du système financier dématérialisé. Ces exigences étant assez pesantes pour la plate-forme, il est crucial de préciser la forme sociale de ces plates-formes. En effet, parmi les formes juridiques existantes, les sociétés de personnes doivent être exclues.

---

1 NETTER Emmanuel, *« le financement participatif »*, *op. cit.*, p. 479 - 508.

Dans cette perspective et s'agissant des sociétés de personnes, la présence d'une obligation de contribuer aux dettes et d'une responsabilité solidaire et indéfinie ne serait pas une solution favorable aux associés de la plate-forme puisque l'opération implique un nombre élevé d'investisseurs. Dans cette perspective, des condamnations successives dont le montant pourrait être potentiellement élevé, pourront faire peser sur les associés à la fin de la société des charges élevées d'autant qu'un seul des associés peut être poursuivi pour le tout et cet associé est responsable sur l'étendue de son patrimoine. Le droit ne peut avoir pour objectif de permettre l'insécurité des personnes. Dans cette perspective et puisqu'il est interdit à ces sociétés d'offrir des titres financiers, ces formes ne peuvent être revêtues par une plate-forme de financement participatif.

S'agissant de la SARL, le capital social minimum qui doit maintenant être déterminé librement par les associés[1] tendrait à permettre une prolifération des plates-formes. Dans cette perspective, le législateur devrait exiger des sociétés devant exercer comme plate-forme, un capital social pouvant permettre à celles-ci de bien mettre en place et exercer leurs activités. Ce qui permettra de filtrer ces sociétés et de ne retenir que celles qui sont viables dans le but d'éviter une prolifération des plates-formes. Egalement ces sociétés doivent par le mécanisme d'assurance, assurer la couverture des risques du métier comme en droit comparé. Aussi, le montant du capital social ne doit-il être très élevé afin de ne pas concentrer l'exercice de l'activité aux mains, surtout des banques.

S'agissant spécifiquement de la SAS, la grande liberté contractuelle qui caractérise cette dernière doit ainsi être atténuée afin de permettre une protection des investisseurs.

---

[1] AYEWOUADAN Akodah, « Togo : libéralisation du capital social de la SARL », *L'Essentiel Droit Africain des Affaires*, avril 2018, n° 4, p. 7.

Le législateur français s'est déjà orienté dans ce sens s'agissant des émetteurs, ce qui fut affirmé *supra*. En effet, vu que « l'investissement participatif était précisément considéré comme ne relevant pas du régime de l'offre publique de titres, mais il présente les mêmes dangers de fond, celui de confronter un public non averti à une forme sociale trop complexe »[1], l'ordonnance intervenue en France en 2014 sur le financement participatif a trouvé un compromis. Le législateur choisit d'« ouvrir l'investissement participatif aux SAS, mais les priver alors d'une bonne partie de leur liberté contractuelle, au profit d'un régime impératif se rapprochant de celui des sociétés anonymes sur plusieurs points, notamment les mécanismes de prises de décisions collectives et de révocation des dirigeants »[2]. Ce qui parfaitement est transposable à la plate-forme puisque ce dernier constitue le pont entre les émetteurs ou porteurs de projets et les souscripteurs en majorité profanes dans une opération désintermédiée et entièrement dématérialisée. L'organisation de celle-ci ne peut donc pas être laissée à la guise des associés. Et puisque le capital social de ces sociétés est librement fixé par les statuts selon l'article 853-5 de l'AUCGIE, une prolifération des intermédiaires doit être évitée par l'exigence d'un capital minimum comme évoqué *supra* dans le cas des SARL. La souscription d'une assurance de couverture des risques du métier devrait en toute logique exister ici également.

S'agissant des SA, celles-ci ne peuvent participer à l'opération en tant que plate-forme que si les règles

---

1 PORACCHIA Didier et VELARDOCCHIO Dominique, « Le financement participatif par offre de titres financiers », *op. cit.*, p. 747; V. également, NETTER Emmanuel, « le financement participatif », *op. cit.*, p. 479 - 508.

2 NETTER Emmanuel, « le financement participatif », *op. cit.*, p. 479 - 508.

concernant leur capital social ne sont pas rigides dans la perspective de ne pas concentrer le financement participatif dans les mains des entreprises économiquement puissantes, les banques en l'occurrence.

Hormis la forme sociale des plates-formes, l'activité de ces dernières nécessite également un encadrement pertinent. Toutefois, compte tenu de l'omnipotence des PME au sein de nos économies, l'activité pourrait se révéler juteuse pour les intermédiaires fraudeurs qui profiteront du caractère profane des souscripteurs, surtout si les intermédiaires sont en situation de complicité avec les émetteurs ou les porteurs de projet. La modicité des sommes en tout état de cause faciliterait cette mauvaise conduite, attendu qu'«il est difficile de voler un million de dollars à une personne, mais facile de voler un dollar à un million de personnes» . Dans cette perspective, il y'a intérêt à encadrer de manière rationnelle l'environnement économique des plates-formes.

2.2.2. La reprise nécessaire de certaines solutions

Les plates-formes de financement participatif au sein de notre ordre juridique nécessitent un encadrement rigoureux, mais rationnel. Rationnel, car un aspect ne devrait être règlementé que si les circonstances le justifient objectivement. Dans cette logique, prenant en compte la forte présence des PME au sein de nos économies et le caractère potentiellement profane des souscripteurs, le devoir de vigilance, d'information doivent être mis à la charge de la plate-forme comme cela existe en droit européen aux articles 5, 23 du Règlement régissant le financement participatif. De plus, les dirigeants doivent satisfaire aux conditions d'honorabilité et de compétence comme en droit français et européen. Ces derniers doivent également mettre en place une politique de gestion des conflits d'intérêts.

Egalement, l'unification du statut de conseiller en investissement financier et celui d'intermédiaire en financement participatif en droit comparé s'avère utile ici afin d'assurer une unité de l'encadrement. Cela aura pour avantage de permettre à une même société d'exercer les activités de *crowdinvesting* et de *crowdlending* dans un marché financier.

En effet, l'immatriculation qui doit concerner l'intermédiaire qu'est la plate-forme doit également concerner les dirigeants de celle-ci. Cette mesure aura pour objectif de permettre une identification des dirigeants des plates-formes afin de prémunir les souscripteurs contre tout risque d'escroquerie. S'agissant du *crowdlending*, comme en droit comparé, le contenu du contrat de prêt doit être fixé par la loi. Dans le cadre du *crowdinvesting*, rien ne s'opposerait à ce que soit prise la même mesure. Mais également, tout changement d'actionnaire, de dirigeant devrait faire l'objet d'immatriculation et de publicité afin de permettre l'information du public. Egalement, les plates-formes devront justifier permanemment d'une certaine somme pouvant permettre la souscription d'une assurance afin de garantir les risques pesant sur leurs activités. Comme en droit comparé, le respect de ces règles doit être placé sous le contrôle d'une autorité de surveillance.

Les sanctions ne doivent être oubliées. Dans cette perspective, l'amende civile évoquée plus haut doit se coupler avec les sanctions pénales. Il conviendra de remarquer ainsi que puisque derrière la plate-forme personne morale, se cache des personnes physiques, en l'occurrence les dirigeants ou les associés, c'est ces personnes physiques que les sanctions pénales doivent le plus concerner étant donné que celles-ci assurent le fonctionnement de la société par leurs volontés. En effet, cette mesure se justifie. Il faut craindre des escroqueries ou des publicités mensongères. Selon l'article 448 du Code pénal togolais, « l'escroquerie est le fait, soit par l'usage d'un faux nom ou d'une fausse qualité, soit par l'abus d'une qualité vraie, soit par l'emploi de manœuvres frauduleuses, de tromper une personne physique ou morale et de la déterminer ainsi à son préjudice ou au préjudice d'un tiers, à remettre des fonds, des valeurs ou un bien quelconque, à fournir un service ou à consentir un acte opérant obligation ou décharge ». La publicité mensongère est également définie par le même Code à l'article 457 comme étant « (…) la diffusion, par quelque moyen que ce soit, d'une annonce faite dans le cadre d'une activité commerciale, industrielle, artisanale, libérale dans le but de promouvoir, de vendre, d'inciter toute personne à l'achat des biens et services, en vantant leurs qualités imaginaires ou en en donnant des renseignements inexacts de nature à induire en erreur celui qui la voit ». Le cas de ces deux exemples en l'occurrence, l'escroquerie prévue à l'article 448 et la publicité mensongère prévue à l'article 457 mérite quelques commentaires.

En effet, l'escroquerie est punie à l'article 452 « d'une peine d'emprisonnement d'un (01) à trois (03) an(s) et d'une amende d'un million (1.000.000) à trois millions (3.000.000) de francs CFA ou de l'une de ces deux peines ». Cette peine n'est assez suffisante pour dissuader les éventuels escrocs vu le nombre réduit d'années et la somme non élevée d'amende par rapport à ce que l'escroc pourrait dérober. Fort heureusement, l'amende civile évoquée plus haut dans le cadre de la faute lucrative en pourrait constituer une solution efficace.

En résumé, toutes ces solutions permettront de règlementer de manière pertinente le droit du financement participatif.

CONCLUSION

En définitive, il convient de retenir que le financement participatif ou *crowdfunding*, lequel constitue un mécanisme nouveau de financement, pose le problème de la pertinence de l'application à cette dernière de la législation financière traditionnelle, laquelle ne vise pas à vrai dire ce mode de financement. Ainsi, a-t-il été relevé que les règles actuelles n'étaient pas adaptées à la situation des acteurs. La législation sur l'appel public à l'épargne ne permet pas l'exercice de cette activité par l'émetteur de titres ; le souscripteur dans le cadre du *crowdlending* viole le monopole bancaire et la plate-forme de *crowdlending* se rend complice du souscripteur. La protection du souscripteur également se retrouve inexistante et pour cause, le manque de législation consumériste générale et de législation consumériste sur les services financiers à distance pouvant régir la situation de celui-ci afin de lui octroyer une protection pertinente. En outre, en plus de rendre la plate-forme de *crowdlending* complice de la violation du monopole bancaire, la législation entraine une dénaturation de l'opération par les solutions qu'elle propose. Quant à la plate-forme de *crowdinvesting*, celle-ci par son action contrevient à la règlementation de l'intermédiation financière.

Toutefois, a-t-il été proposé des mesures dans la perspective d'aboutir à un encadrement efficace du marché du *crowdfunding*. Ces mesures sont pour la plupart inspirées du droit français, lequel connut également la même situation. Il s'agit des propositions relatives à l'ajustage de la législation relative à l'appel public à l'épargne, à la prise de risque, à la protection du souscripteur-consommateur, à la situation de la plate-forme. Ce qui permettrait une sécurité plus accrue des investisseurs.

Aussi, une part non négligeable de ces propositions a-t-elle pour substrat le droit communautaire qui, également, a prévu des mécanismes pertinents susceptibles de s'appliquer. Il s'agit essentiellement de l'introduction de règles luttant contre le blanchiment des capitaux et le financement du terrorisme.

Également, certaines des solutions proposées sont inspirées de la législation financière traditionnelle. Il s'agit de la création de marchés organisés, de la création de fonds commun de placement, de la surveillance des plates-formes. S'il peut être objecté à cette proposition d'entrainer une introduction de mécanismes utilisés par la finance traditionnelle dans l'encadrement du *crowdfunding* alors même que cette dernière cherche en s'en émanciper, cette objection ne saurait prospérer étant donné que les solutions proposées ne dénaturent pas le fonctionnement du *crowdfunding*. Mieux, elles en permettent le fonctionnement efficace et sain. Aussi faut-il remarquer que pour des raisons de lutte contre le blanchiment des capitaux et de financement du terrorisme ainsi que pour cause de protection des souscripteurs, le *crowdfunding* mécanisme de disruption, ne peut totalement sortir des mailles de la législation classique. Il faut ainsi donc nécessairement infléchir cette dernière. Le vrai défi réside à vrai dire dans l'encadrement de manière à concilier pertinemment l'originalité du *crowdfunding* et ces impératifs décrits *supra*, en l'occurrence la protection des investisseurs, la lutte contre le blanchiment des capitaux ainsi que la lutte contre le financement du terrorisme.

Cette étude apporte sans doute quelques solutions. Mais la question n'est pas épuisée. Etant un mécanisme de financement en vogue, il faut gager que de nouvelles problématiques se présenteront nécessairement.

D'ailleurs, la BCEAO a affirmé à propos du *crowdfunding* que « le financement participatif ou *crowdfunding* (...) constitue une source alternative de financement pour les structures et personnes qui n'ont généralement pas un accès aisé au financement bancaire classique (PME-PMI et particuliers) »[1]. Ce qui démontre clairement l'importance de l'intérêt attaché au *crowdfunding* au sein de la zone UMOA. De même, la BCEAO reconnait-elle que les fintechs dont certains exercent les activités de financement participatif peuvent produire des risques systémiques. A cet effet, elle affirme que « la FinTech peut réduire les coûts et les frictions, accroître l'efficience et la concurrence et élargir l'accès aux services financiers. Ce dossier s'intéresse aux facteurs de vulnérabilité et aux conséquences sur la stabilité financière de la croissance rapide des FinTech dans des segments risqués qui, conjuguée à une règlementation inadaptée, peut produire des risques systémiques et avoir des répercussions sur la stabilité financière »[2]. De même, « UMOA-Titres envisage de lancer une plate-forme de cotations pour dynamiser son marché secondaire des titres publics »[3].

---

[1] BCEAO, « Quelle est la situation des FinTech dans l'UMOA ? », https://www.bceao.int/

[2] BCEAO, « L'actualité des services financiers numériques et de l'innovation technologique et financière », *bulletin de veille semestriel*, 2022, n° 01, p. 5.

[3] KAKPO Fiacre, « UMOA-Titres envisage de lancer une plate-forme de cotations pour dynamiser son marché secondaire des titres publics », https://www.agenceecofin.com/

L'adoption d'une nouvelle loi-cadre portant règlementation bancaire prévoyant les plates-formes de financement participatif bancaire entérine toutes ces tendances, bien que le régime juridique de ce nouveau mode de financement ne soit pas l'apanage du seul législateur bancaire et financier et que le terrain ne soit pas assez défriché comme en droit comparé. Il est clair que le *crowdfunding* tend à devenir une alternative aux mécanismes de financement classique au sein de la zone UMOA. Il est alors nécessaire de prendre des mesures proportionnées afin de règlementer ce mode de financement.

Mais également, étant un mécanisme soumis à régulation, il n'est pas du tout exclu que le droit souple puisse devenir un moyen efficace de règlementation. Ainsi, un rapport sur la situation des fintechs, incite les autorités à procéder notamment *via* non seulement des Codes professionnels, mais également *via* la compétence des organismes autorégulateurs. Ces entités pourraient en effet constituer un moyen efficace d'exercer une surveillance règlementaire efficace. Le droit souple en effet, a démontré son utilité en matière de régulation, procédant par voie de force normative[1].

---

[1] HACHEZ Isabelle, « Balise conceptuelle autour des notions de ''source du droit'', ''force normative'' et ''soft law'' », *Revue Interdisciplinaire d'Etudes Juridiques*, vol. 65, 2010, p. 1 s ; V. également THIBIERGE Catherine et *al.*, *La force normative. Naissance d'un concept*, Bruxelles, Paris, Bruylant, L.G.D.J., 2009, p. 1 s.

Table des matières

Structures éditoriales du groupe L'Harmattan

L'Harmattan Italie
Via degli Artisti, 15
10124 Torino
harmattan.italia@gmail.com

L'Harmattan Hongrie
Kossuth l. u. 14-16.
1053 Budapest
harmattan@harmattan.hu

L'Harmattan Sénégal
10 VDN en face Mermoz
BP 45034 Dakar-Fann
senharmattan@gmail.com

L'Harmattan Cameroun
TSINGA/FECAFOOT
BP 11486 Yaoundé
inkoukam@gmail.com

L'Harmattan Burkina Faso
Achille Somé – tengnule@hotmail.fr

L'Harmattan Guinée
Almamya, rue KA 028 OKB Agency
BP 3470 Conakry
harmattanguinee@yahoo.fr

L'Harmattan RDC
185, avenue Nyangwe
Commune de Lingwala – Kinshasa
matangilamusadila@yahoo.fr

L'Harmattan Congo
219, avenue Nelson Mandela
BP 2874 Brazzaville
harmattan.congo@yahoo.fr

L'Harmattan Mali
ACI 2000 - Immeuble Mgr Jean Marie Cisse
Bureau 10
BP 145 Bamako-Mali
mali@harmattan.fr

L'Harmattan Togo
Djidjole – Lomé
Maison Amela
face EPP BATOME
ddamela@aol.com

L'Harmattan Côte d'Ivoire
Résidence Karl – Cité des Arts
Abidjan-Cocody
03 BP 1588 Abidjan
espace_harmattan.ci@hotmail.fr

Nos librairies en France

Librairie internationale
16, rue des Écoles
75005 Paris
librairie.internationale@harmattan.fr
01 40 46 79 11
www.librairieharmattan.com

Librairie des savoirs
21, rue des Écoles
75005 Paris
librairie.sh@harmattan.fr
01 46 34 13 71
www.librairieharmattansh.com

Librairie Le Lucernaire
53, rue Notre-Dame-des-Champs
75006 Paris
librairie@lucernaire.fr
01 42 22 67 13

www.ingramcontent.com/pod-product-compliance
Lightning Source LLC
LaVergne TN
LVHW021228061026
849535LV00008B/2977
* 9 7 8 2 3 3 6 4 5 6 1 8 8 *